PETIT DÉJEUNER AVEC SOCRATE

ROBERT ROWLAND SMITH

PETIT DÉJEUNER AVEC SOCRATE

Une philosophie de la vie quotidienne

Traduit de l'anglais par Sylvie Taussig

ÉDITIONS DU SEUIL
*25, bd Romain-Rolland, Paris XIVe*

Titre original : *Breakfast with Socrates*
The Philosophy of Everyday Life

Profile Books Ltd, 2009

ISBN original : 978-1-84668-237-7

ISBN : 978-2-02-099756-0

www.seuil.com

À mon épouse, Clare : elle réussit toujours
à faire en sorte que je prenne mon petit
déjeuner, et ce livre est pour elle.

La manière dont nous passons nos
journées c'est, bien sûr, celle dont nous
passons notre vie.

Annie Dillard, *En vivant, en écrivant*

REMERCIEMENTS

Je dois des remerciements aux nombreuses personnes qui m'ont soutenu, critiqué et inspiré pendant que j'écrivais ce livre. Et en tout premier lieu à Richard Vine, qui m'a permis de mettre à l'épreuve mes intuitions initiales, qui n'a cessé de me donner d'excellents conseils et a trouvé le titre (je devais découvrir par la suite un poème du même nom, écrit par Constantin Cavefy). J'aimerais aussi distinguer James Fulton pour la constance de son intérêt et de ses encouragements, et mes coreligionnaires de l'École de la vie, Sophie Howarth, naturellement, ainsi que Caroline Brimmer, Angharad Davies, Mark Vernon et Harriet Warden ; ceux qui à la BBC ont manifesté un si grand intérêt – Susanne Curran, Eliane Glaser, Anne Mensah, Andrea Miller, Rebecca Stratford et Matthew Sweet ; David Edmunds et Nigel Warburton, le duo derrière *Philosophy Bites*[1] ; comment ne pas évoquer Judith Hemming et les nombreuses étoiles qui font constellation autour d'elle, qui ont aidé à libérer l'énergie systémique nécessaire à un tel projet ; cela vaut aussi pour Mother Meera. Non moins

1. Un site Internet britannique de débats et d'entretiens philosophiques que l'on peut « podcaster », animé par David Edmunds et Nigel Warburton.

importants à des titres différents sont Eileen Acebey, Emily Browning, John Bruce-Jones, Cathie Clearwater, Katrina Coulson, Peter Cox, Lynn Fabes, Ian Fletcher, Andrew Foster, Beatrice Fraenkel, Moira Gibb, Matthew Herbert, Victoria Hobbs, Andrew Jackson, Neil Litherland, Anthony Mellors, Anna Mike, Kate et Ben Munn, Paul Myerscough, Martin Newman, Sophia Parker, Julia Pritchett, Frank Romany, Steve Rose, Polly Russell, Rupert Symons, Sophie Taylor, Roger Thornham, Adam Wishart et Andrea Wulf.

Le livre n'aurait pas pris son essor, cependant, sans deux individus particulièrement talentueux : mon excellent agent, Stephanie Ebdon, dont la ténacité attentive et la finesse naturelle ont aidé ce livre à faire d'ores et déjà impression dans le monde entier ; et mon éditeur à Profile Books, Daniel Crewe, qui présente un mélange si exceptionnel de chaleur humaine et de rigueur éditoriale que ce fut à la fois un plaisir et un enseignement que de travailler avec lui. Je voudrais aussi dire ma reconnaissance aux gens qui ont à leur tour soutenu Steph et Daniel : à la Marsh Agency, Annina Meyerhans, Caroline Hardman, Camilla Ferrier et le regretté Paul Marsh lui-même ; et, chez Profile, Ruth Killick, Penny Daniel et Andrew Franklin. Hilary Redmon chez Free Press à New York et Lesley Levene ont elles aussi apporté leur précieuse contribution. Ces deux-là forment une sacrée équipe.

Enfin, mon amour et mes remerciements à mes filles, Zoë, Esther et Eden.

INTRODUCTION

Sachant que Socrate mourut empoisonné, on aurait quelque raison d'hésiter avant d'accepter une invitation à partager son petit déjeuner. Pourtant rien ne le désignerait comme le meilleur compagnon de petit déjeuner autant que ce qui est justement à l'origine de son assassinat – sa curiosité. S'il fut réduit au silence, c'est pour avoir posé trop de questions et tapé sur les nerfs de trop de personnes. Son esprit inquisiteur, follement inventif, était ce perpétuel insatisfait qui le conduisit à tout mettre en doute, depuis la finalité de la loi jusqu'à l'origine du sexe – comment s'étonner que son élève le plus célèbre, Platon, l'ait décrit comme un taon qui trouble la quiétude ? Si toi, ô mon lecteur, tu étais en train de partager un cappuccino et des croissants avec lui, il commencerait par te demander pourquoi tu mènes la vie que tu mènes, ou quelle valeur tu as en tant que personne. C'est une façon de faire dont tu pourrais t'offusquer, comme s'est offusqué l'État qui l'a assassiné ; d'un autre côté, si tu lui accordais le bénéfice du doute, il saurait t'entraîner dans un voyage mental extraordinaire. Il pourrait t'expliquer pourquoi le génie et la folie sont si étroitement liés, ou ce qu'est l'âme du monde, qui compose l'univers. À un niveau plus personnel, il pourrait t'exposer les raisons pour lesquelles il est plus important d'être bon que d'être heureux. Socrate a eu cette parole célèbre : « Une vie sans examen ne vaut pas la peine d'être vécue », et cet homme qui a toujours préféré le dialogue à une parole qui s'énonce depuis la tribune d'une salle de conférences te conduirait à réfléchir sur ton moi et sur tes actions. Ainsi, de deux choses l'une, soit tu découvrirais leur signification la plus profonde, soit tu serais incité à procéder aux changements nécessaires et donc à créer le sens qui manque à ta vie.

Ce serait du pareil au même si tu devais partager un bagel avec Hegel ou des œufs avec Bacon. Malgré de pénibles débats quant au nombre d'anges qu'il est possible de faire tenir sur une tête d'épingle ou à la différence entre être et Être, le génie de la philosophie n'est pas de fabriquer des devinettes pour experts, mais de nous aider à atteindre la sagesse. Après tout, le mot même de « philosophie » signifie « amour de la sagesse », et être sage ce n'est pas être intelligent. À l'inverse de l'intelligence, qui trouve sa satisfaction à gagner des controverses dans l'abstrait, la sagesse est un art pratique, dont le but est de produire des jugements sensés au milieu des complications du quotidien. De ce point de vue, faire de la philosophie, c'est apprendre à reconnaître l'ambiguïté de la vie telle qu'elle est vécue, et Socrate s'intéresserait tout autant au montant du pourboire à laisser au garçon qui vous a servi votre café et vos croissants qu'à l'existence de Dieu.

Ce livre s'efforce de suivre son exemple : il montre comment les plus grandes idées de l'histoire – non pas de la seule philosophie, en fait, mais aussi de la psychologie, de la sociologie et de la politique – ont à voir avec la meilleure façon de vivre sa vie et avec les moyens d'en avoir une approche plus réfléchie. Il y a assurément quantité d'ouvrages approfondis sur le sujet – comment agir de façon éthique, à quel parti politique apporter son suffrage, etc. Cependant, en dehors du fait qu'ils sont écrits dans un langage technique, ces ouvrages ont tendance à maintenir les grandes idées dans les hautes sphères de la pensée plutôt que de les enraciner dans l'expérience quotidienne, ce qui est à l'inverse l'objet de ce livre. Les pages suivantes, donc, convoquent différents esprits qui vous accompagneront pendant que vous vaquerez à vos petites affaires. Quand vous serez à la salle de gym, l'historien et philosophe Michel Foucault courra à vos côtés pour vous expliquer comment l'enchaînement de vos exercices est une forme de contrôle de l'État. Jacques Lacan, le psychanalyste, deviendra votre coach personnel et, tandis que vous vous regarderez dans le miroir de la cabine d'essayage, il vous mettra au courant des périls du narcissisme. Quand vous serez au bureau, Karl Marx chuchotera à votre oreille comment échapper à votre condition d'esclave salarié. Vous rencontrerez Machiavel qui vous donnera les ingrédients d'une soirée réussie, Carl Schmitt, qui vous expliquera en quoi ce peut être une bonne chose que de se disputer avec son conjoint, et Bouddha, qui vous donnera plein de tuyaux pour que vous ne piquiez plus jamais du nez dans votre baignoire. Au fur et à mesure que ces grands esprits s'astreindront à penser votre rituel matinal ou votre activité de téléspectateur, vous apprendrez à les connaître mieux. Leurs idées peuvent paraître difficiles ou bizarres, mais elles sont toujours pertinentes pour peu qu'on les rapporte à notre quotidien.

Bien sûr, il est possible que votre journée ne suive pas le modèle indiqué ici. Tout le monde ne fait pas l'amour à une cadence quotidienne, et il est possible que vous ne déjeuniez avec vos parents qu'une fois par an – Dieu merci, peut-être. Si vous travaillez à la maison, il est peu probable que vous viviez une « transhumance en métro » qui vous condamne aux peines décrites au chapitre III, où je fais référence à Thomas Hobbes, le théoricien de la politique du XVIIe siècle, pour expliquer pourquoi le trajet quotidien du matin réveille le sauvage qui sommeille en nous. Pareillement, bien des thèmes que vous auriez aimé voir traiter seront passés sous silence, et une autre version de ce livre pourrait inclure les sections « Aller chercher les gosses à l'école », « S'allonger chez le psy », « Se mettre en prière » ou « Travailler en équipe de nuit ». Mais la plupart des expériences décrites ici devraient avoir pour vous un petit parfum familier, et vous serez désormais en mesure de les penser d'une manière inédite.

N'allez pas croire que tout ce qui ne relève pas de la catégorie des « grandes idées » soit banni de ces pages. À côté de certaines réflexions de mon cru, vous trouverez des références à la musique, à la peinture, à la littérature, et même une remarquable expérience japonaise sur des cristaux d'eau congelée. Dans le chapitre « Aller chez le médecin », vous découvrirez une étude sérieuse sur la douleur, ainsi que la blague la plus drôle du monde (à vous d'en juger). « Faire la cuisine et dîner » vous fera passer de l'anthropologie française à cet exemple de décadence culinaire qu'est le film de Peter Greenaway, *Le Cuisinier, le voleur, sa femme et son amant*. J'ai utilisé toutes sortes de matériaux – du neuf, du vieux, du grave et du graveleux (le chapitre sur le sexe parle de pornographie) – à la seule condition qu'ils donnent du sens au quotidien terre à terre, de l'humour à la monotonie, de la logique à la routine.

S'il est vrai qu'une vie sans examen ne vaut pas la peine d'être vécue, pourquoi ne pas l'examiner dans le vif de son déroulement plutôt que d'attendre une conférence sur le sujet ? Après tout, le quotidien constitue 99 % de notre vie ; si nous n'y pensons pas au moment où nous le vivons, il ne reste plus beaucoup de temps pour la réflexion. Si nous faisons un effort d'analyse, en revanche, peut-être apprendrons-nous à apprécier à leur juste valeur ces gestes apparemment triviaux du quotidien – s'habiller, s'endormir – et à les considérer sous un nouvel angle.

I

AU RÉVEIL

Peut-être connaissez-vous cette jolie chanson de Mara Carlyle « Alive », qui commence ainsi :

> Je suis surprise par le soleil chaque jour que je me réveille,
> Je suis surprise de me réveiller !

La voix de Mara, d'abord traînante, puis de plus en plus guillerette, imite le passage du sommeil à la conscience. L'astuce de la chanson, c'est qu'elle reproduit l'émerveillement enfantin du réveil : le monde est encore là, et ce moi qui s'éveille existe toujours. Même pour les adultes, arrachés du lit sans leur comptant de sommeil, ou avec la gueule de bois, ou à côté du mauvais amant, ou après une série de rêves agités, il y a un moment, juste avant que l'amertume ou le désespoir ne reprenne ses droits, où le simple fait d'être à nouveau éveillé et toujours en vie constitue en soi une surprise étonnante.

Pourquoi cela ? Pourquoi cet événement du quotidien peut-il encore nous surprendre ? Serait-ce précisément qu'étant en train de dormir, vous étiez trop inerte pour être en mesure de prédire votre réveil imminent ? Si tel est le cas, le réveil est, au sens strict du terme, nécessairement une surprise, puisqu'il fait suite, par définition, à une période de sommeil.

Le réveil a beau être l'événement le plus banal de notre vie, un phénomène aussi certain que le lever du soleil le matin, nous ne le voyons pourtant jamais venir. À la fois prévisible et imprévisible, le réveil est un paradoxe, un nœud dans la ligne droite de la logique, et c'est pourquoi il vaut la peine qu'on s'y arrête. Tout ordinaire que cela puisse paraître, se réveiller est une des actions les plus profondes que nous puissions entreprendre. Il peut paraître curieux d'affirmer qu'il y a une philosophie du réveil, mais, d'une certaine manière, l'ensemble de la philosophie n'a pas d'autre sujet.

Pendant des centaines et des centaines d'années, la « philosophie » s'est dédiée à l'étude de la conscience, et de toute évidence nul n'est conscient s'il n'est éveillé. Certes, la fin du XIXe siècle a vu naître des philosophies élaborées de l'*in*conscient – c'est toute la vocation de la psychanalyse – mais les philosophes, dans leur écrasante majorité, se sont concentrés sur les phénomènes conscients, sur la vie éveillée – ce que c'est que penser, sentir, savoir, croire, percevoir, pressentir, agir, choisir, apprécier, aimer, faire le bien et faire le mal : autant d'activités propres à la veille plutôt qu'au sommeil.

Vous voilà donc éveillé. Cela ne fait pas de vous une personne matinale, mais si vous êtes éveillé, alors vous êtes conscient. Mais l'êtes-vous vraiment ? Comment savez-vous que vous n'êtes plus endormi ? Comment savez-vous que tout ce qui vous entoure, y compris vous-même, n'est pas une illusion, une blague que vous joue un esprit malveillant ?

Cette interrogation est entrée au panthéon des plus célèbres questions philosophiques, et c'est dans les années 1630 qu'elle a reçu sa réponse philosophique la plus fameuse, sous la plume de René Descartes, un Français qui passa l'essentiel de sa vie en Hollande. Comme la plupart des philosophes confrontés à un monde déroutant, Descartes voulut fonder quelques certitudes, et il eut l'idée qu'il y parviendrait s'il appréhendait la philosophie d'une manière totalement nouvelle. Plutôt que de commencer avec une hypothèse ou un ensemble de postulats, ou un premier principe, ou une loi scientifique, il s'engagea à ne commencer avec rien et à ne rien prendre pour acquis : il devait douter absolument de tout, selon ce même principe qu'un individu est « coupable jusqu'à preuve du contraire », et voir où cela le conduirait.

Fort de sa méthode sceptique, Descartes en arriva à cette sobre évidence qu'il pouvait douter de tout sauf du fait qu'il doutait. Qui plus est, s'il doutait, il fallait nécessairement qu'il fût en train de penser. Il se rendit alors compte que seule quelque chose qui existe peut penser – comment quoi que ce soit pourrait-il être pensé sans quelqu'un qui le pense ? Descartes n'était plus qu'à deux doigts d'une découverte majeure. Alors il rassembla les morceaux du puzzle et conclut que si l'on peut penser, on doit exister. Car quand bien même un individu penserait être mort, le fait qu'il *pense* être mort signifie qu'il est en vie, parce que penser implique exister. Descartes avait trouvé une preuve de l'existence. D'où sa légendaire formule : « Je pense donc je suis. » C'était un bond de géant non seulement pour la philosophie, mais aussi la science en général, parce que quelque chose d'irréfutable s'en trouvait établi, susceptible de fournir à son tour un fondement solide pour toute investigation ultérieure.

Voilà pourquoi se réveiller le matin est l'acte philosophique par excellence : une rencontre directe avec la conscience et l'existence. Et le fait que nous le fassions de façon inconsciente ne manque pas de piquant, parce que, en nous réveillant, nous ne faisons pas que retourner à la conscience, nous recouvrons aussi la capacité de prouver notre existence. Pendant la nuit, celle-ci n'a rien de certain. S'il est vrai dans une certaine mesure que rêver, c'est penser, et donc une autre manière, en théorie, de prouver que l'on existe, il y a, au cœur de la nuit, de longues plages durant lesquelles on ne pense ni ne rêve, ce qui pose l'épineuse question de savoir si l'on existe pendant ces moments : si penser implique exister, est-ce que l'on existe quand on ne pense pas ? C'est une question sur laquelle je reviendrai dans le dernier chapitre de ce livre. Pour l'instant, tu sais que tu existes au moins pendant la journée.

Après avoir renvoyé la philosophie à la case départ, Descartes fit son grand bond en avant. Ainsi, quand tu t'étires le matin, peu importe que tu sois de mauvais poil, tu appréhendes un phénomène invisible mais extraordinaire – ta propre existence consciente, ta propre connaissance du fait que tu es là. Cela semble être un début prometteur, mais ayant amené les choses au point d'ébullition et produit ce parfait œuf de la pensée, dont tout le reste devait s'ensuivre, Descartes se retrouva quelque peu incertain quant à ce qu'il devait faire de cette certitude. Tu es réveillé maintenant, tu es conscient et tu existes. Et après ?

L'état d'éveil et de conscience est d'ordinaire associé à la pleine possession de ses facultés, le mot « facultés » désignant effectivement la capacité à penser de manière cohérente et à exercer sa raison. Mais suffit-il d'être réveillé pour qu'automatiquement les facultés de raisonnement soient en train de fonctionner ? Cela n'est pas toujours évident ; le démarrage du cerveau peut prendre un certain temps. La raison s'éveille-t-elle au même rythme que les yeux s'accommodant à la lumière ? C'est une question importante, parce qu'il est possible d'être à la fois conscient et fou – conscience et rationalité ne font pas toujours la paire. Et il serait rassurant de savoir au matin que non seulement tu existes, mais aussi que tu as toute ta tête !

Disons que quand tu émerges du lit, entre les draps, vers la clarté de la conscience – doutant de ton existence, peut-être, mais du même coup la démontrant – tu deviens conscient de la circulation des voitures de l'autre côté de ta fenêtre ; peut-être y a-t-il un marteau-piqueur qui décide de rejoindre le chœur, ou bien le camion-poubelle qui déboule et le fracas du verre brisé qui vient mettre fin à tout espoir de paix. Tu maudis le vacarme et replonges la tête dans l'oreiller. Assis au bout de ton lit, Emmanuel Kant, qui était dans la fleur de l'âge environ un siècle et demi après Descartes, mettrait aussitôt le holà – et ce n'est pas seulement parce qu'il était un insomniaque distingué, célèbre pour travailler sous la lune en bonnet de nuit et robe de chambre. Il t'interpellerait certainement sur la rationalité de ta réaction. Pourquoi ?

Au spectacle que tu lui offres, avec ta tentative désespérée de battre en retraite sous la couette, Kant t'expliquerait que ta perception éveillée du trafic extérieur comme source de bruit n'est rien de plus que cela – une simple perception. À ne pas confondre avec un jugement rationnel, car il est fort possible que ta raison soit encore endormie. Comment peux-tu être sûr que le bruit que tu entends est le bruit tel qu'il est vraiment et non pas simplement le reflet de ton humeur massacrante ? Ton repli vers la chaleur du lit est-il l'action de ce que Kant appelle la « raison pure » – une vérité universelle qui est valable pour tout le monde – ou est-ce un réflexe personnel de paresse et d'évitement ?

Tu pourrais imaginer que tous tes voisins sont en train de pester en même temps que toi, mais en admettant que tu ailles les interroger et qu'ils admettent tous que la circulation du matin dans ta rue est en effet particulièrement horripilante, Kant ne serait toujours pas satisfait. Loin de s'arrêter à cette version empirique et démocratique de la vérité, il plaiderait pour quelque chose de plus durable – la raison pure, une fois de plus – qui se trouverait au-dessus, au-delà, et en avant de toutes les interprétations, individuelles ou collectives, qui recouvrent la réalité. Et si tu penses qu'en cela Kant est irréaliste, dogmatique ou indûment sévère, rappelle-toi seulement ces sectes dont 100 % des membres croient qu'une chose est vraie alors que 100 % d'entre eux sont pourtant dans l'erreur. Une croyance universelle n'est pas l'équivalent d'une vérité universelle, et Kant aimait se référer à Copernic, le polymathe polonais qui, en 1514, prouva que la terre tournait autour du soleil. Jusqu'à cette date, tout le monde croyait que la terre était au centre de l'univers, et tout le monde avait tort.

Il est clair qu'en dehors de ses nombreux autres usages – naissance, mort et consommation du mariage, pour n'en citer que quelques-uns –, le lit est un champ de bataille pour les philosophies du réveil. Même s'il fournit un ferme soutien à l'idée que tu existes, tu ne peux pas compter sur lui pour porter le poids de tes perceptions ; et le doute dont tu es dans une large mesure libéré par le seul fait de te réveiller (Descartes) est remplacé par la nécessité de prouver que ce que tu ressens le matin a quelque substance (Kant). À peine le jour a-t-il commencé que tu as déjà une bonne séance d'entraînement philosophique, et pourtant, alors même que la philosophie a pesé si longuement ces questions, ce n'est probablement pas elle, mais la religion, et le christianisme en particulier, qui a le plus tiré profit de l'idée du réveil. Car en dehors de tout le reste, l'acte de se réveiller est une figuration en miniature des relations entre la vie et la mort, où s'endormir équivaut à mourir, et se réveiller à naître ou renaître. Pour autant, cette relation n'est pas purement métaphorique : de manière très concrète, une fois au lit, rien ne peux garantir que tu te réveilleras. Le christianisme est, au propre comme au figuré, particulièrement pertinent.

Considère ceci : sans le Christ, il ne reste pas grand-chose du christianisme, et il ne reste pas grand-chose du Christ sans la résurrection – le fait qu'il se soit prétendument relevé de la tombe trois jours après être mort sur une croix où il avait été cloué par les soldats romains. Le christianisme, pour le dire abruptement, est une religion du réveil. C'est la conviction que, en dépit de tout le mystère qui l'enveloppe, la mort n'est littéralement qu'un sommeil ; et que, si tu mènes bien ta barque, tu te réveilleras à nouveau, plus tard, au paradis. Ce qu'on désigne par le terme grandiloquent de « résurrection » est un miracle ordinaire, transcendant et pourtant trivial, béni mais banal, et il suffit pour s'en convaincre de jeter un œil à l'une de ses plus brillantes représentations : la peinture délibérément naïve d'un artiste britannique du milieu du XXe siècle, Stanley Spencer. Ce tableau, intitulé *Résurrection*, représente les habitants d'un village anglais sortant de leur tombe, en pyjama et chemise de nuit, s'étirant et bâillant, comme s'ils venaient simplement de se réveiller dans leur lit. La peinture fait ce que fait le christianisme : elle traite de la mort comme d'un interlude exempt de menace, pas plus effrayant que l'heure du coucher. Pourvu que tu aies bien dit tes prières, tu peux espérer te réveiller au Ciel.

Mais, naturellement, si le christianisme met l'accent sur le réveil, c'est en partie pour diminuer l'importance de l'alternative, à savoir la perspective d'aller au lit sans possibilité de se réveiller. Ainsi considérée, la mort n'est plus un sommeil dont on se réveille, mais menace de devenir la mort dont on ne se réveillera jamais. Il est intéressant de noter qu'un des sonnets de Shakespeare parle du sommeil comme de « l'autre soi-même de la mort », parce que, à première vue, il semble que Shakespeare fonde sa comparaison entre le sommeil et la mort sur une métaphore plutôt conventionnelle ; mais à y regarder de plus près, on comprend que le sommeil n'est pas *comme* la mort, il est « un autre soi-même » de la mort – c'est-à-dire qu'il en est un clone, ou au mieux un sombre émissaire qu'il vaut mieux traiter avec déférence et appréhension. Il s'empare de l'idée chrétienne selon laquelle le sommeil et la mort sont équivalents et la retourne contre le christianisme. Il sous-entend que le sommeil est risqué, parce que, au lieu de se réveiller dans l'au-delà, il se pourrait bien qu'on ne se réveille pas du tout ; à la fin des années 1590, à l'époque où Shakespeare écrivait, l'espérance de vie moyenne était d'environ 30 ans, et le taux de mortalité infantile était considérablement plus élevé qu'aujourd'hui.

Il n'y a donc guère lieu de s'étonner si, quand tu te réveilles, même au XXIe siècle, et te glisses hors des bras de cet étranger de l'ombre appelé sommeil, tu continues à sentir, au-delà de l'effet magique de surprise, un soupçon de soulagement, voire de gratitude. Et en dehors de cette peur que le christianisme exploite à son profit – imité en cela par l'islam, d'ailleurs –, il a une autre raison de revendiquer si confortablement le territoire du réveil. Bien que déterminé par les rythmes physiologiques, le réveil dépend, d'un point de vue psychologique, de quelque chose ou de quelqu'un d'autre. Le sommeil et le passage dans l'inconscience ont pour corollaire un réveil qui s'accompagne nécessairement de ce sentiment inquiétant d'avoir échappé à notre propre maîtrise de soi – le sommeil nous tombe dessus plutôt que nous le faisons advenir – si bien que de là à attribuer ce moment de délivrance qu'est le retour à la conscience à une intervention divine, le pas est vite franchi : n'est-ce pas un ange qui nous a arraché aux enfers ?

Naturellement, les connotations des « enfers » sont plus païennes que religieuses, mais la religion n'a pas hésité à tirer parti de la puissance émotionnelle du rituel païen, tout en cherchant, officiellement, à prendre ses distances. Après tout, le meilleur moyen de lancer une nouvelle religion est encore de ponctionner à l'envi dans le répertoire symbolique disponible et d'affirmer ensuite que tout cela est de sa propre invention. En tout cas, depuis ses débuts, le christianisme repose en partie sur des fondements occultes qui font le lien entre la résurrection du Christ et le réveil de la terre au printemps. Nous savons, par exemple, que Pâques est le résultat d'une assimilation entre une fête « païenne » préexistante qui célébrait l'allongement des jours et un « rite du printemps » ou un « chant de la terre ». Ce n'est pas tant que la religion ait pris le relais de la magie, convertissant le sombre continent de la superstition à la lumière de la vraie foi – n'en déplaise à l'Église puisque c'est la version des événements qu'elle a adoptée –, mais plutôt que la religion a incorporé la magie, l'a assimilée et ingérée, tirant un profit particulier de sa polarisation fondamentale sur le thème du réveil. Tout cela produit, naturellement, un mélange grisant – le monde qui s'éveille dans des gémissements, la glace qui se brise, les tubercules qui palpitent avec l'ensemble du rythme cosmique, le tout incorporé dans un tableau où des prêtres rendent un culte solennel au retour de la lumière du monde – et pourtant à notre échelle, depuis notre lit, nous reprenons nous aussi, jour après jour, réveil après réveil, ce mouvement surnaturel de l'année naturelle.

Ces associations ne font que s'enrichir et s'intensifier quand on se rend compte que le concept de vérité, la pierre angulaire de la philosophie comme de la religion, pour ne rien dire de la science juridique, repose tout aussi fortement sur la thématique du réveil et sur son sens profond. Et il n'est pas besoin d'être un grand philosophe pour en prendre la mesure : il y a des indices de cette dépendance dans les expressions de tous les jours comme « s'éveiller à la vérité » ou « mes yeux se sont ouverts ». Si ces formules semblent indiquer que la vérité et le réveil sont deux fieffés partenaires, un simple détour par la Grèce ancienne permet de corroborer cette intuition. Car le mot pour dire « vérité » y était *aletheia*, dont nous tirons en français le terme de léthargie. Mais précisément le terme grec est *a-letheia* et non pas *letheia* – la vérité est le *contraire* de la léthargie. Et qu'est-ce qui est le contraire de la léthargie sinon le réveil ? La vérité réside dans le fait d'être réveillé et de repousser les draps. Dans un certain sens, c'est quand on s'éveille qu'on est le plus soi-même – il est difficile de se réveiller dans l'inauthenticité.

Prenons garde de ne pas rater l'essentiel cependant. Ce n'est pas seulement qu'il est nécessaire de se réveiller pour voir ou entendre la vérité, aussi importante soit-elle ; c'est plutôt que la vérité n'est rien d'autre qu'une sorte d'éveil. Comment faut-il l'entendre ? Tournons-nous vers un troisième philosophe, G.W.F. Hegel : il fera pleine lumière sur la chose.

Hegel, philosophe allemand du début du XIXe siècle, faisant suite à Kant, s'intéressa aussi au prodigieux réveil du Christ après sa mort, en particulier parce qu'il rendait manifeste ce que Hegel appelait la « vérité absolue ». Selon l'histoire, le Christ est passé par trois phases : d'abord il était vivant, puis il est mort et enfin – si c'est une histoire à laquelle tu crois – il est rené. Et sans cette renaissance – sans ce réveil après la mort – il n'aurait pas été Christ, mais un charlatan, non pas le vrai messie, mais un imposteur. Jésus ne devint Christ qu'à la troisième étape, quand la vérité sur lui fut révélée, confirmée et accomplie. Qui plus est, c'est *seulement* à la troisième étape qu'il put devenir lui-même ; enlevez la troisième étape, ou n'importe laquelle des deux précédentes, et il ne fait plus sens comme Christ. La structure tripartite était essentielle à la révélation de sa vérité.

Aussi extraordinaire qu'il puisse être, le Christ est à cet égard un exemple ordinaire de la façon dont la vérité doit toujours obéir à cette loi des trois étapes, dans laquelle l'étape finale est un réveil, l'apothéose de l'avènement du vrai. En fait, tout ce qui compte chez Hegel procède par trois – un mécanisme qu'il appelle la « dialectique », où la vérité est une sorte de réveille-matin cosmique qui permet au monde de reprendre ses esprits après une période d'activité suivie d'une période de repos. Le cours même de l'histoire a suivi ce modèle, selon Hegel, dans son déploiement progressif. Il y eut d'abord l'ancienne phase grecque, pleine de douceur et de lumière, mais trop idéale et sans fondement. Les Grecs pensaient être éveillés, mais ils ne l'étaient pas. Puis vint la phase romaine classique, tout à fait réelle et adulte, mais du même coup sans grand intérêt – d'une grandeur impressionnante, assurément, mais terriblement sèche et judiciaire, comme si elle renvoyait les choses dans le sommeil par sa volonté excessive de mettre de l'ordre. Enfin la phase allemande, dont Hegel en personne était sur le point d'être le témoin et qui promettait de mêler le meilleur de la phase grecque et de la phase romaine, mais en les dépassant toutes les deux, expression finale de l'histoire ou renaissance – à proprement parler le recommencement de la signification du monde. L'histoire, pour Hegel, devait se réveiller à sa vérité dans le XIXe siècle allemand.

Un peu plus tard dans le même siècle, la théorie de Hegel devait inspirer une nouvelle école de pensée où s'illustrèrent des auteurs aussi importants que Jacob Burckhardt, Eduard Winkelmann et Karl Marx ; mais, pour une oreille moderne, naturellement, l'affirmation de Hegel ressemble vraiment trop au discours d'autocongratulation de qui se grandit soi-même. Existe-t-il encore aujourd'hui, dans notre monde relativiste, quelqu'un qui croit vraiment à l'existence de vérités absolues qui n'attendent que d'être réveillées ? En dehors des fondamentalistes religieux ou politiques, gageons que non. Mais il serait bien plus facile de se moquer de l'interprétation hégélienne de l'histoire si elle n'avait pas servi de canevas à la destinée aryenne et ainsi apporté de l'eau au moulin nazi ; la glorification du « demain m'appartient », imaginée d'une façon qui fait froid dans le dos dans *Cabaret*, film réalisé par Bob Fosse en 1972, n'est qu'une façon d'annoncer la renaissance ou le réveil d'une destinée qui a été, par scélératesse, mise en sommeil. Même déclinée dans une version moins inquiétante, l'idée que la vérité est quelque chose qui s'est langui dans la torpeur et qui a besoin d'être réveillé, sorti du lit et apporté à la lumière du jour, nous attire instinctivement. Pensez, par exemple, au geste politique prôné par les conservateurs de tout acabit, aux quatre coins du globe, qui consiste à faire renaître une vérité qui a été en sommeil, que ce soit par une exhortation à « revenir à l'essentiel » ou par un plaidoyer en faveur du « retour aux valeurs fondamentales ». Le geste est essentiellement hégélien ou dialectique, puisqu'il suppose que la vérité fut jadis là, puis qu'elle a été recouverte ou mise en sommeil (ordinairement par l'« opposition »), et qu'il nous incombe maintenant de la ressusciter ou de la réveiller. La vérité est encore plus vraie, et encore plus puissante, si elle est réveillée *de nouveau*.

Nous sommes maintenant 200 ans après Hegel, et, que nous nous soyons enfin éveillés à la vérité ou que nous fainéantions toujours dans notre « sommeil dogmatique » (selon la formule de Kant), cette injonction à rester éveillé s'exprime d'une autre manière, bien plus évidente, et sans lien avec sa thématisation par la philosophie ou par la religion. Car quels que soient nos doutes sur le niveau général de conscience dans le monde et notre tendance à le juger déplorablement bas, il est indéniable que l'état de veille caractérise notre culture. Comment contester que nous vivons dans des sociétés capitalistes, dans des villes qui ne s'endorment jamais, habitons la zone du non-stop, du sept jours sur sept, de la surveillance vingt-quatre heures sur vingt-quatre et de la nécessité d'être constamment vigilant ? À parler concrètement, il est de plus en plus difficile de trouver le bouton off, que ce soit celui de notre corps ou de notre BlackBerry. Cela signifie que, dans la mesure où s'éveiller implique d'avoir d'abord consenti à s'endormir et à avoir décroché les yeux de l'écran, ce lâcher prise recule progressivement de l'ordre naturel des choses et devient un luxe nostalgique. Sommes-nous déjà entrés dans une ère où le mieux que nous puissions espérer est non pas de connaître le sommeil du juste, mais de rester toujours sur la brèche, prêts à intervenir ?

Si la réponse est oui, cela est très probablement dû à deux impératifs imbriqués – des dieux jumeaux, en réalité, à un point tel qu'il devient presque hérétique d'en douter. Il s'agit de la croissance économique et de l'innovation technologique : un PIB toujours plus élevé et des mises à jour à l'infini. Ce couple infernal a inoculé au niveau mondial une insomnie productrice telle qu'au moment où le Japon va se coucher, l'Amérique se réveille et se rue sur ses écrans. Aucune interruption dans la production ne doit être tolérée, car le monde a été reprogrammé sous la forme d'une usine dont le but est le rendement maximum, le mode l'efficience, et où « se réveiller », puisque cela implique d'avoir été endormi, est bon pour les mauviettes.

Ce qui motive ces dieux jumeaux, générant un état de qui-vive économique, ce n'est pas seulement l'argent, mais aussi la morale. Car en dépit des vices qu'elle entretient sous la forme de la surconsommation, cette folie d'engrenage mécanique et monétaire témoigne du crédit qu'on continue d'accorder à la vertu du travail. N'oublions pas qu'être éveillé et industrieux est tenu aujourd'hui en plus haute estime qu'être endormi et paresseux – et il est probable qu'il en sera toujours ainsi. Nous mettons ici en pratique la logique de ce que Max Weber appelait l'éthique protestante du travail, qui apporte beaucoup de bonnes choses, mais entraîne des conséquences inattendues ; c'est une éthique qui repose en définitive sur la capacité à se lever et à se mettre en route. C'est à l'instant où l'on se réveille qu'elle nous tombe dessus et nous aspire.

Mais, bien sûr, entre se lever et partir travailler, il y a un pas important.

II

PRÉPARATIFS

Quand Cléopâtre offre une « armure d'or » à Antoine qui s'apprête à combattre, il ne faut pas y voir quelque chose de terriblement exotique, loin de nous et extravagant. Elle se comporte seulement comme l'épouse type quand elle fait le nœud de cravate de son mari qui file attraper le train de 8 h 10 pour London Bridge, Châtelet-Les Halles ou la gare de Shinjuku.

Sans doute Marc Antoine ne travaille-t-il pas dans un cabinet de juriste, dans les médias ou au gouvernement, mais les préparatifs par lesquels il passe ne sont pas si éloignés de nous, tant s'en faut. Ce n'est pas seulement que nous continuons, aujourd'hui encore, à appliquer des métaphores martiales aux tâches les plus banales – « aller au combat », « affronter l'ennemi » ou, pour citer directement Shakespeare, « encore une fois sur la brèche » – c'est aussi que, d'une époque à l'autre, il faut une mentalité guerrière pour se préparer à sortir.

Cela est inhérent à la nature ambivalente du processus, qui tient à la fois du oui et du non. D'un côté, se préparer, c'est se mettre dans l'état d'esprit de qui va immanquablement faire l'expérience de quelque chose, se jette dedans, se plie à ce qui se présente devant lui, se laisse entraîner, prend part et est présent aux événements, suivant la vague là où elle l'emporte : il dit oui. Mais de l'autre côté, parce que se préparer veut dire être prêt et paré, l'individu en question est tout aussi bien en train de faire le contraire – se garder contre ce qui peut l'attaquer, limiter son exposition, prévenir des surprises éventuelles et garder son armure protectrice fermement attachée : il dit également non. Se préparer, c'est à la fois accepter de plonger dans les choses avec leur gloire imprévisible (« quand faut y aller, faut y aller »), et c'est aussi garder le monde à distance et maintenir l'expérience en deçà de l'expérience (« je suis préparé à n'importe quoi »). Tel est le paradoxe de tout préparatif : c'est se préparer à faire l'expérience du jour devant soi et à ne pas la faire.

Ce paradoxe que nous rencontrons chaque matin quand nous bouclons notre sac ou que nous passons notre veste a des racines philosophiques profondes qui remontent au moins au Ier siècle av. J.-C. – à Marc Antoine – et il a créé un fossé d'une effarante profondeur. D'un côté du fossé, il y a ceux pour qui le monde est fondamentalement ordonné et sûr, assez sûr pour qu'on puisse s'y jeter. De l'autre, ceux qui pensent que la vie est bien plus une affaire de hasard et qu'il vaut mieux attacher sa ceinture ; leur argument se fonde sur le constat de l'aspect défensif des préparatifs, qui n'aurait pas lieu d'être si le monde ne procédait pas par voies mystérieuses, et parfois dangereuses.

Prenez le philosophe Lucrèce, un contemporain romain d'Antoine, qui décrivit cette inscrutable énergie du monde dans un poème intitulé *De la nature des choses*. Le poème est un curieux mélange de psychologie, de physique et de théologie, et pourtant il est en avance sur son temps en ce que Lucrèce affirme que le cosmos est composé de millions d'atomes en flux perpétuel et que le comportement de ces atomes est susceptible de déclinaisons spontanées et aléatoires – presque comme s'il décrivait le « principe d'incertitude » d'Heisenberg 2 000 ans avant la lettre –, la preuve étant faite de la difficulté de mesurer une cible en mouvement. Imagine que tu regardes tomber des gouttes de pluie : tu en choisis une et tu traques sa descente rapide à travers l'air, mais au dernier moment elle fait une brusque embardée. C'est ainsi, selon Lucrèce, que marche le monde, prévisible jusqu'à un certain point, mais profondément imprévisible au-delà. Il énonce là une théorie radicale – et qui n'a pas perdu sa radicalité – qui a contribué à renforcer les termes du débat entre d'une part un monde fondamentalement ordonné et de l'autre un monde fondamentalement chaotique, un lieu auquel on peut ou pas se préparer.

Mais l'aspect le plus radical de la théorie de Lucrèce ne réside pas dans la troublante sensation de hasard qu'elle fait naître ou dans la difficulté à établir les lois de la physique qu'elle suppose. Il y a aussi un aspect existentiel, car si le chaos prévaut, il faut en conclure soit qu'il n'y a pas de Dieu – parce que Dieu est celui qui, pour commencer, est supposé avoir assujetti le chaos au nom de l'ordre ; soit qu'il y a bien un Dieu, mais qu'il s'est enfui, manquant à son devoir et nous abandonnant, nous autres mortels, à tous les risques et périls d'un univers sans règle. En fait, la charge retombe sur nous dans les deux cas : en l'absence d'une bonne gouvernance divine du Père, le désordre s'insinue à nouveau dans le monde, et il ne nous reste qu'à fourbir nos armes.

Mais il y a une autre façon de voir les choses. Si, dans le second scénario, Dieu a oublié de mettre tous les points sur les *i* et toutes les barres aux *t*, nous laissant nous débrouiller avec ce grand bazar de l'incertitude, cela ne doit pas nécessairement être imputé à sa négligence. Au contraire, ce peut être de sa part une forme calculée de l'attention qu'il nous porte, une version théologique de l'« amour vache ». Imagine qu'il ait tout mis en ordre jusqu'au moindre petit détail et ait, au commencement des temps, conçu un programme fait pour durer à jamais. Cela ferait de nous de simples robots, réduits à réaliser son projet sans avoir notre mot à dire et méritant à peine le nom d'« humain » qui nous a été donné. Pour le dire simplement, cette prévoyance divine totale viderait de sens les préparatifs du matin : quels que soient tes projets, Dieu aura de toute façon déjà planifié ta journée, et toute volonté de maîtriser le défilé des heures, minutes et secondes ne serait qu'illusion. Il n'aurait aucun sens de « se préparer », parce que tout serait pré-prêt.

En d'autres termes, ce petit bout de « négligence » de la part de Dieu donne à l'humain la possibilité de créer du sens : là est le fondement du libre arbitre. Pour être proprement humain et digne du statut spécial que Dieu nous a accordé, nous devons avoir quelque latitude. Tout enfants de Dieu que nous sommes peut-être, c'est en tant qu'adultes que nous devons être titulaires d'un permis de nous conduire, avec de vrais choix et de vraies décisions à prendre. Et pour qu'il en soit ainsi, il faut et il suffit qu'il y ait un certain nombre de choses qui ne peuvent être anticipées et pour lesquelles nous ne pouvons jamais être fin parés : si nous étions toujours absolument prêts à chaque fois que nous franchissons le seuil, prêts au point de savoir exactement ce que le jour a en réserve, aucun de ces choix imprévus ne serait à faire : aucun acte spontané à entreprendre, aucun jugement à exercer, aucune responsabilité à prendre et aucun appel à notre humanité. Le fait qu'il est toujours possible d'être un peu plus préparé – autrement dit qu'il est à jamais impossible d'être à 100 % prêt le matin – est une excellente chose, parce que cela signifie que le jour cache des surprises dans son chapeau et qu'à chaque fois qu'il en sort une, il faudra réagir à brûle-pourpoint et s'en remettre à son propre jugement, ce qui révélera de notre part une liberté humaine, adulte et noble.

C'est un autre poème philosophique, le *Paradis perdu* de Milton, qui plaide avec le plus d'éloquence en faveur de la liberté de la volonté, et cela par le truchement de la figure d'Ève – qui est l'illustration vivante de cette vérité qu'il est désirable de n'être pas préparé. Là où la Cléopâtre de Shakespeare symbolise l'expérience féminine, l'Ève de Milton n'est qu'innocence, dans son impréparation tragique à la séduction du diable. Elle devient l'icône même de l'impréparation. Laissée sans surveillance dans le jardin d'Éden à côté du pommier et sans Adam pour l'accompagner, Ève se permet d'être tentée par un serpent qui marche et qui parle – le démon en personne, sous un déguisement. Elle mange le fruit que Dieu a interdit, persuade Adam de suivre son exemple et ce faisant provoque la Chute de l'homme. Comme Milton le dit de façon concise : « Toute la création a pleuré. » Où est donc l'avantage ?

Si sa désobéissance est tragique, l'innocence d'Ève n'est pas complètement mauvaise. Certes cette innocence la conduit à faire un choix malheureux – le pire même – mais le fait qu'elle fasse un choix dans l'absolu, le fait qu'elle engage le diable dans un débat qui puisse pencher d'un côté ou de l'autre, le fait qu'elle agisse sans que Dieu lui colle au train – tout cela va dans le sens de son libre arbitre ou, ce qui revient au même, de sa marge d'erreur. C'est de cette marge d'erreur que naît sa liberté parce que la liberté de bien agir n'existe qu'à la condition que celle de mal agir existe aussi. Et puisqu'il est impossible de mal agir si l'on est paré à toute éventualité, il ne faut pas s'inquiéter de partir le matin sans être complètement prêt. Oui, plus on se prépare, et plus on réduit la probabilité de faire des erreurs, ce qui est une bonne chose ; mais plus on réduit la probabilité de faire des erreurs et plus on réduit sa liberté, ce qui en est une mauvaise. L'astuce est de placer la tension entre les deux forces à son optimum, de la même manière qu'on cherche la bonne balance entre graves et aigus.

Il est difficile de concevoir que l'on se prépare pour sortir sans imaginer des habits à enfiler et, après s'être éveillée à un horizon nouveau, mais déchu, Ève a le geste instinctif de couvrir sa honte, définissant ainsi le rôle capital du vêtement. Elle éploie des feuilles de vigne sur son pubis, et si cette première occultation a une portée symbolique immense – elle implique qu'Ève a renoncé au monde nu de la vérité et de l'innocence pour le monde compromis du déguisement et de la tromperie –, cette interprétation s'efface devant l'objectif plus fondamental du vêtement, qui est de masquer les parties génitales et de mettre sous clef les organes de la tentation qui ont tant porté la poisse à nos deux loustics. Dans leurs préparatifs pour quitter le Ciel et entrer sur terre, Adam et Ève, soucieux d'être fin prêts pour le vaste monde, ont jugé qu'il était avant tout nécessaire de détourner l'attention des parties qui leur rappelaient maintenant leur chute loin de la Grâce – but accessible si l'on s'équipe de quelque pelure.

Et ce but est resté. Naturellement cela ne veut pas dire que toutes les sociétés actuelles, sans exception, partageraient les croyances qui ont donné naissance aux habits ou tiendraient pour tabou l'étalage public des parties intimes ; mais en très large majorité, en plus de la recherche de chaleur et de protection, la motivation profonde qui pousse tout un chacun à s'habiller n'a pas changé depuis le temps de nos édéniques parents. Les vêtements servent à cacher son bas-ventre aux autres et à se rendre par là socialement acceptable. L'ironie est que, justement parce qu'ils sont une condition requise pour l'insertion sociale, il est devenu presque plus naturel de porter des habits que d'être nu ; cette ironie a été à l'origine de la remarque amère de Thomas Carlyle, historien de l'époque victorienne, qui s'est plaint de ce que toute l'histoire de la pensée ait « tacitement représenté l'homme comme un *animal habillé*, alors qu'il est par nature un *animal nu* ». Les vêtements sont notre seconde peau.

À ce constat paradoxal bien établi nous pouvons en ajouter un plus subtil. Il suffit d'avoir eu une fois un rendez-vous galant pour le savoir : il ne s'agit pas seulement de couvrir ; on a besoin des habits pour cacher son sexe, mais on leur demande aussi de révéler sa sexualité. Même quand on ne s'habille que pour aller travailler le matin, les habits servent des desseins contradictoires. D'un côté, ils s'acquittent de la fonction de masquer le corps ; mais de l'autre, ils « disent » quelque chose de la personne, qui compte bien qu'ils parleront pour elle, et ce de façon éloquente ; elle veut qu'ils la rendent séduisante. Là encore le fin mot de l'histoire est de garder deux forces dans une tension mutuelle – une qui supprime nos qualités sexuelles et une qui les exprime. Et selon que nous nous habillons pour aller travailler ou pour un rendez-vous galant, nous ajusterons les indicateurs en fonction.

Donc, du moment que la sexualité est, au sens littéral du terme, costumée en quelque chose d'autre, l'on peut tranquillement en faire la promotion en public – il n'est que de l'adapter en fonction de son entourage. En ce sens, les habits constituent l'étoffe où s'entrecroisent la trame de la sexualité et la chaîne de la société. En tant que tels, ils offrent un parfait exemple de ce que Sigmund Freud appelait la « sublimation » – l'expression indirecte de la libido ou la canalisation de l'énergie sexuelle sous une forme civilisée. Dans la langue de la psychanalyse, la sublimation réconcilie les besoins du « moi », ou ce que je veux pour moi-même, et ceux du « surmoi », qui est notre perception de ce que le monde extérieur attend de nous. Aussi banal que le rituel des préparatifs paraisse, il est cet instant de la journée où la rivalité entre les deux besoins atteint vraisemblablement son acmé, parce que nous faisons la transition entre les exigences du moi – être à la maison et n'en faire qu'à sa tête – et celles du surmoi – sortir et devoir se conformer à une série de normes et de conventions. À chaque bouton que nous attachons nous devenons moins moi et plus surmoi.

Si nous nous boutonnons toujours du haut vers le bas plutôt que l'inverse, ou si nous mettons notre slip avant nos chaussettes et faisons en général les choses à notre manière, c'est parce que le moi adore la routine. C'est sûr, le moi veut se faire plaisir, mais, de façon perverse, il ne le fait pas en recherchant son plaisir – ce qui pourrait être facteur de surexcitation – mais en réduisant le « déplaisir », que Freud définit comme tout ce qui fait dévier le moi de son cap et bouscule son équilibre. Même quand l'heure vient d'une activité aussi manifestement plaisante que le sexe, ce que le moi aime n'est pas l'orgasme lui-même, mais la suppression du désir qu'il produit – parce que le désir en tant que tel est perturbant et importun. Comme s'il portait une pancarte « Ne pas déranger » suspendue autour de son cou, le moi veut une vie tranquille, préférant la plaine aux escarpements, les lacs aux montagnes, les programmes aux surprises ; cela se traduit dans notre tendance à forger des habitudes, à développer des routines comme celles que nous égrenons chaque matin au moment de nous préparer. Parce qu'il préfère les choses telles qu'elles sont, le moi met le changement en suspens.

Tout cela semble effroyablement monotone, n'est-ce pas ? À ceci près que les méthodes sûres et prudentes d'uniformité comportent en elles une tendance à la folie. Car si ce goût pour la routine est le signe d'un moi sain, qui bloque soigneusement l'accès à la perturbation afin de préserver son état stable, cette préférence campe au sommet d'une pente glissante qui débouche de manière alarmante sur l'obsession ; pour le dire sans ménagements, le TOC (trouble obsessionnel compulsif) n'est qu'une routine poussée à l'excès. Parce que le rituel matinal – disons chier, se doucher, se raser – suit un cours invariable, comme un bloc constitué de gestes que vous répétez plus ou moins automatiquement chaque jour, vous n'êtes jamais très loin d'une répétition malsaine. Imaginez que vous commenciez à ajouter des composantes ritualistes à votre programme de douche, comme aligner les bouteilles de shampoing dans un certain ordre : cela signifie-t-il que la folie vous gagne, de grain en grain ? Où serait-ce que le normal se fond dans l'anormal ? Une des caractéristiques d'un comportement « normal » pour nous est qu'il ne soit pas trop volatile, qu'il manifeste un haut degré de fiabilité, mais c'est dans son potentiel à vous détourner du droit chemin que le comportement le plus blindé du monde est aussi le plus dangereux. Peut-être n'est-ce pas une si mauvaise affaire : toi qui, demain matin, seras encore une fois planté dans ta salle de bains à te laver les dents, à te peigner ou bien à te mettre du déodorant, toujours en te lamentant sur cet horizon monotone répétitif qu'est devenue ta vie, tu te consoleras au spectacle virevoltant de ta psyché qui, loin d'être coincée dans une ornière, est bien plus intéressante qu'elle n'y paraît.

Et même s'il y a vraiment quelque chose de suspect dans la méticulosité que tu apportes à ton rituel matinal, ce rituel est aussi un rite, un exercice spirituel par lequel l'ensemble de ton corps, et pas seulement tes yeux, devient une fenêtre ouverte sur ton âme. Il n'est pas d'évocation de la propreté sans qu'affleure aussitôt un élément sacré – citons, par exemple, la pratique de certains yogis avancés consistant à excréter ses boyaux et à les faire macérer dans du lait pour les nettoyer. La propreté du corps, après tout, censée refléter la propreté de l'âme, est l'un des rares intermédiaires physiques à notre disposition pour accéder à la valeur spirituelle. Ce qui ne veut pas dire que la toilette du corps soit un substitut de la purification de l'âme – à y prendre trop de soin on pourrait même être accusé de se concentrer sur les vertus externes aux dépens des vertus intérieures – mais cela fait office de condition préalable importante. Longtemps avant Milton, par exemple, un des plus anciens poèmes connus, au demeurant anonyme, de la littérature anglaise, avait pour titre « Propreté » et il poussait à la limite le lien entre la pureté physique et spirituelle : la « propreté » renvoyait à l'état de l'homme littéralement « impeccable », le péché étant représenté comme une tache ou une souillure. Tout cela suggère qu'être propre est plus que seulement souhaitable pour sortir dans le monde : c'est nécessaire pour entrer au Ciel, et cela s'applique donc à la mort comme à la vie – de là la préparation des cadavres qui implique leur purification par l'eau. Par la vertu de cet acte sur le corps, l'âme est ab-soute, exactement comme si ses péchés étaient dis-sous, dans une solution.

Tout cela est bel et bon, me direz-vous, mais d'où vient cette prédilection pour la propreté conçue comme faisant partie intégrante des préparatifs, une composante intrinsèque de cette activité consistant à se rendre prêt ? On rapporte que, quand Marc Antoine décrocha son premier rendez-vous amoureux avec Cléopâtre, non seulement il se décrassa à fond, mais il se rasa aussi trois fois. Le souci de se tenir prêt et la propreté semblent être aussi intimement liés que le furent Antoine et Cléopâtre eux-mêmes. Mais pourquoi ? Pourquoi ne peut-on pas être prêt et malpropre ? Pourquoi n'a-t-on pas le droit d'être sale, alors même qu'une éventuelle trace de saleté apporterait la preuve que l'on a subi quelque chose et que l'on est donc d'autant mieux équipé pour affronter toutes les épreuves que le jour qui vient a en réserve ? Pourquoi enfiler des affaires propres pour aller jouer au foot ou un tablier qui sort de la machine pour faire un gâteau ? Non seulement ils seront très vite à nouveau salis, mais, même si nous sortons dans des habits propres, avons-nous vraiment tout fait pour nous débarrasser de la saleté qui nous environne ? La saleté n'est-elle pas, comme l'énergie, quelque chose que l'on déplace tout au plus, sans jamais pouvoir la détruire ? On n'élimine pas la saleté en soi, on la décale, c'est tout, et la crasse qui se détache de nous sous le jet de la douche au matin est lancée dans un parcours sans fin qui verra sa dissolution et sa réapparition ailleurs dans une autre combinaison d'atomes.

Quelque démoralisant que cela puisse paraître, il y a dans ce besoin de se rendre propre conçu comme faisant partie intégrante des préparatifs quelque chose qui continue à résister à toutes les objections rationnelles, et très rares sont ceux d'entre nous qui quittent leur domicile le matin sans quelque acte, fût-il mécanique, d'autopurification. Je soupçonne quelque lien mystérieux avec l'aspiration – un mot qui, comme la respiration et l'inspiration, partage la même racine linguistique qu'« esprit » ; dans tous les cas, il s'agit d'inhaler plus de vie. Ce qui compte dans ce souci de se rendre propre le matin, c'est ce désir de créer une toile blanche sur laquelle on pourra peindre un tableau plus beau que celui de la veille et vivre plus de vie. Ce point de vue n'a pas de meilleur avocat que l'écrivain français Francis Ponge, dont le nom rappelle irrésistiblement celui d'une éponge, et qui dit, dans un éloge de la propreté, appelé *Le Savon* : « L'exercice du savon vous aura laissé plus propre, plus pur et plus parfumé que vous ne l'étiez auparavant [...]. Il vous a changé en mieux, requalifié[1]. » Ponge rend plus clair le fait qu'être propre aide chacun à créer un départ flambant neuf et à cibler à nouveau ses aspirations. Pour que ces aspirations soient encouragées, pour que la vie marche bien, pour que le jour réussisse, nous devons enlever par lavage ce qui s'est passé la veille et l'avant-veille, comme si un acte de destruction devait toujours précéder un acte de création.

Et si ce rite de purification qui entoure les préparatifs révèle un lien entre le corps et l'âme, il en révèle aussi un autre, qui unit le corps et l'esprit. Pour être prêt, il faut passer un coup de chiffon sur son ardoise mentale, aller de

1. Francis Ponge, *Le Savon*, Paris, Gallimard, « Tel », 1967, p. 56.

l'avant sans préjugé afin d'être ouvert à tous les apprentissages, et donc appliquer à ces préjugés qui menacent toujours de nous envahir le rasoir si fameusement associé au philosophe du Moyen Âge Guillaume d'Ockham. Le rasoir d'Ockham est une sorte de devise philosophique qui prévient contre la tentation d'ajouter trop de détails avant d'avoir vu l'ensemble du tableau ; elle dit que la plus simple explication est ordinairement la meilleure. Elle implique de nous débarrasser de nos idées préconçues de manière à nous préparer à voir les choses au plus près de ce qu'elles sont. Elle renvoie même à l'idée du libre arbitre : plutôt que d'avoir sagement accommodé tous les événements futurs à sa propre sauce, Dieu a rasé en grande partie la façade obscure de la prédiction pour permettre aux humains de cultiver leur futur par eux-mêmes. Moins il est écrit d'avance, plus le jour revêt de signification ; et se raser le matin, c'est créer un territoire vierge sur lequel le jour peut se développer dans des quantités de directions toutes imprévisibles.

En cela le rituel de la toilette du matin implique aussi que nous sommes des « mélioristes » – des optimistes, par essence, qui portent en eux la conviction profonde, non seulement que le monde pourrait être meilleur, mais aussi que nous pouvons l'améliorer en nous améliorant nous-mêmes. Et ce méliorisme fait partie de la riche palette d'émotions que Cléopâtre éprouve quand elle parle d'une « armure d'or » pour Antoine. Au plus profond de son cœur, elle sait probablement qu'il court à sa perte (et qu'elle est elle aussi condamnée), mais il est difficile de résister à la perspective de la gloire. Il vaut tellement mieux, en tout cas, tirer sa révérence avec panache que mourir dans un fossé ! Si les préparatifs du matin ont un sens défensif sous-entendu, c'est qu'il s'agit de se mettre sur son trente et un sans faire ni une ni deux ; les plus belles fringues sont faites pour être portées sous la pluie. Oui, quand nous nous préparons, nous savons que nous allons batailler dans un monde incertain, ce qui requiert un certain esprit de sérieux, car les risques ne sont pas toujours insignifiants, mais quel mal y a-t-il à y mettre du style ? Ce n'est pas seulement que l'attaque est la meilleure forme de défense, mais que lutter contre l'inconnu avec le sens du glamour porte sa propre rédemption. Il se peut que Dieu ne soit pas là pour nous prêter main-forte, mais si tout se passe horriblement mal, au moins nous serons sortis prêts à tout affronter dans nos plus beaux atours, victimes de la seule chose qui fasse que la vie que nous venons de quitter vaut la peine d'être vécue : le sentiment du hasard.

III

ALLER AU BOULOT

T.S. Eliot comparait l'entrée dans le métro de Londres à la descente dans les cercles de l'Enfer ; il y voyait une plongée « seul / dans le monde de la solitude perpétuelle ». À Londres comme ailleurs, le métro est un monde d'indigence spirituelle, qui draine des foules de gens sans créer de contact véritable, tel un « caquetage » sans fin qui n'accouche d'aucune signification, dont les déferlements de précipitation ne servent qu'à différer la tranquillité dont notre âme a besoin pour s'épanouir.

Ok, aller au travail n'est pas forcément si pénible – certains itinéraires comportent une promenade sur un pont ou un coup de vélo à travers le parc. Et pour les personnes qui travaillent chez elles, classe en constante augmentation, il n'y a pas de trajet du tout, sinon d'une légère glissade en chaussons, de la cuisine au bureau, après le petit déjeuner. De fait, ces « télé-usagers des transports » regrettent parfois ce mouvement quotidien de transhumance et déplorent de n'avoir pas de bureau vers où diriger leurs pas – non seulement parce qu'à la maison ils développent cette sensation d'être comme des lions en cage, mais parce qu'un bon petit trajet aurait le pouvoir de légitimer le travail qu'ils font et de lui donner l'apparence d'être plus « véritablement » du travail. Le temps passé dans les transports crée aussi une frontière entre la maison et le travail, dont le travailleur à domicile – obligé de répondre à la porte à l'employé du gaz ou bien de demander aux enfants de rester tranquilles – a parfois faim et soif.

Mais pour la majorité de ceux qui sont soumis à l'obligation de se rendre au travail, le trajet du matin est synonyme de corvée. Mieux, il s'intègre plus généralement dans cette misère que les Parisiens ont appelée « métro, boulot, dodo[1] » – le cycle éternel et apparemment vide de sens qui consiste à circuler, travailler et dormir, et dans lequel nous tombons presque inconsciemment. Si les usagers des transports nous évoquent des hamsters sur une roue ou des rats dans une course, la raison en est limpide : en nous concentrant sur notre destination, nous perdons contact avec notre destinée. Y a-t-il moyen d'interrompre ce cercle ?

La réponse est oui, mais à la condition *sine qua non* que nous nous servions de ce que Nietzsche – l'homme assis en face dans le wagon avec les moustaches broussailleuses et les yeux intenses – appelait la « doctrine des deux mondes ». Par cette doctrine nous inventons un monde idéal pour échapper à celui dans lequel nous sommes. Tout en continuant sans piper mot à mener notre existence de marmotte, nous songeons à tout envoyer bouler et à partir cultiver des vignes en Toscane ; serrés comme des sardines dans le wagon, nous nous représentons en train de faire de la voile aux Maldives. Les fantasmes peuvent être consolateurs, dit Nietzsche, mais nous les inventons seulement parce que nous ne pouvons pas supporter qu'il n'y ait rien

1. En français dans le texte.

au-delà ; et les ayant inventés, nous ne faisons pas grand-chose pour les réaliser. Ce qui signifie que nos fantasmes sont des signes de faiblesse. Et Nietzsche de répondre par un défi, qui est fort simple : fais de ton idéal ta réalité ou – légèrement préférable – rends ta réalité idéale. À cette fin il te demande d'imaginer répéter ta vie dans le moindre de ses détails – y compris cette oppressante plongée dans le métro – et d'évaluer combien de temps tu pourrais la supporter. C'est seulement quand tu arrives au point où ton existence est constituée de moments que tu pourrais tous revivre avec bonheur qu'il relâche sa pression – le point auquel tes deux mondes fusionnent. À supposer que, dans ce nouveau monde, unique, intégré, tu n'as pas laissé tomber ton boulot, ton trajet devient jubilatoire.

Arriver à ce stade signifie laisser derrière soi ce que Nietzsche appelle « le troupeau » – ceux qui sont dans le fourgon à bestiaux – et rejoindre la catégorie des « surhommes », cette élite qui a gardé bien présentes à l'esprit non seulement sa destination, mais aussi sa destinée, et qui s'en rend maîtresse. Il y a deux avantages à appartenir à ce club. D'abord, à ranger au placard le fantasme d'un autre monde, on augmente ses chances d'investir dans celui-ci ; l'homme sorti du troupeau vit dans l'instant, plutôt que de spéculer sur un ciel qui le sauverait de lui-même ; et rien ne permet autant de plonger dans la réalité dans toute sa tonifiante nudité que d'avoir déboulonné l'idéal. Non seulement on apprend à voir les choses pour ce qu'elles sont, sans ornement, mais en plus, ce qui est autrement intense, on cesse d'être intimidé par un idéal et par l'obligation tacite de s'y conformer, et c'est là que réside l'avantage numéro 2. Précisément parce qu'il est *idéal*, l'idéal remplit la haute mission de prescrire à tout un chacun ce que les choses devraient être ; il s'ensuit qu'une fois que l'on s'est débarrassé de ce pesant couvercle au-dessus de notre tête, on est libre de devenir soi-même dans tout ce que l'on a de plus non conformiste – une individualité accidentée, singulière, rebelle, excentrique, indocile, audacieuse, non orthodoxe et originale. Le prix à payer pour cela – laisser tomber l'idéal – ne vaut-il pas la peine d'être payé ?

Heureusement, il y a aussi des façons moins éprouvantes de relever le gant de Nietzsche. En réalité, cela ne requiert qu'une chose : arriver au boulot entier. Pour devenir identifiable en tant que toi et donc obtenir une identité distinctive, il te suffit d'être au terme de ton trajet, une fois à ton poste de travail, la même personne que celle que tu étais quand tu as quitté ton domicile – et ceci rend superflu par rapport à tes besoins l'acte héroïque d'autoconfirmation que prône Nietzsche. Même quand tu te joins au rythme impassible de centaines d'autres pieds martelant la chaussée qui les conduit vers leur bureau, toujours à la limite de te fondre dans la foule, tu trouveras très difficile de ne pas continuer à être toi ; à chaque pas que tu fais, ton identité se réaffirme, et ta ressemblance avec toi-même se scelle sur chaque pierre que tu piétines. Loin d'avoir à exécuter la moindre astucieuse prouesse d'actualisation de toi, tu peux, rien qu'en quittant ton chez-toi chaque matin et en arrivant à l'autre bout du trajet, t'engouffrer dans une identité qui t'appartient et n'appartient qu'à toi seul. Peut-être cette identité ne te donnera-t-elle pas les titres pour postuler au rang de surhomme nietzschéen – et ta vie n'en sera-t-elle pas moins ordinaire –, mais rien ne viendra l'empêcher de s'affirmer elle-même en permanence. Dans ce sens, le simple fait que tu parviennes à agir en tant que toi et nul autre que toi peut être qualifié de petit triomphe.

Ce triomphe ne tombe toutefois pas tout rôti : l'aide nécessaire, tu la trouveras dans les services d'un ange invisible qu'on appelle le temps. Pour avoir une identité, tu dois rester le même que *toi-même* : la personne qui arrive à ton poste de travail pour allumer ton ordinateur doit être la même personne que celle qui a fermé la porte de ta maison en sortant. Cette évidence cache un problème philosophique et scientifique épineux, celui de la comparaison d'une chose avec elle-même, qui n'a rien à voir avec la comparaison entre une pomme et une orange, par exemple, que tu peux mettre l'une à côté de l'autre. Heureusement, pourtant, tu n'en es pas réduit à te comparer dans l'espace, comme la pomme et l'orange : c'est à travers le temps que tu vas te comparer. Imagine, par exemple, que ton compagnon et toi vous partiez au travail à la même heure : il va prendre le métro et toi ton vélo, et vous vous mettez d'accord pour vous retrouver au bout du trajet et boire un café vite fait. Quand il arrive là-bas, ses cheveux bouclés ne sont pas devenus raides, et ses yeux ont cette nuance de vert qu'ils ont toujours eue : c'est définitivement le garçon avec qui tu vis. L'ange du temps a inséré un trou avant que tu ne le revoies, permettant la confirmation de son identité. L'identité, c'est d'être reconnu – c'est-à-dire *re*connu, après une interruption.

Mais l'ange est aussi un démon. Imagine que, quand ton compagnon pousse la porte de Starbucks une heure après que vous avez quitté votre appartement ensemble, ses cheveux ont poussé de quinze centimètres et que ses yeux sont devenus marron ? Est-il le même homme ? Ce thème est exploré à merveille dans le film *Le Retour de Martin Guerre*, qui raconte l'histoire vraie d'un paysan français du XVIe siècle qui s'en va un matin travailler dans les champs et ne revient pas. Le temps passe, et six ans plus tard lui – ou quelqu'un qui prétend l'être – se présente, pour reprendre la vie commune avec sa femme. Les villageois comparent le Martin qui est revenu avec leur image mentale du Martin qui est parti (l'appareil photo n'a pas encore été inventé), et la correspondance n'est pas parfaite. Il ressemble beaucoup à l'homme qui est parti, mais nul ne peut dire avec certitude s'il est le vrai Martin ou un imposteur, et la question divise le village (dans un rebondissement ultérieur, le nom de famille du paysan n'est pas Guerre mais Daguerre, comme dans le daguerréotype, procédé à l'origine de la photographie qui repose donc sur le principe de copie d'un original). En tant que tel, le film décrit la face maudite du temps, qui joue à la fois le rôle de vecteur de l'identité et celui de vecteur de la différence. Si le temps est nécessaire pour que tel individu reste le même et soit identifié comme tel, il l'est tout autant pour que cet individu soit capable de changer ; c'est là où soudain son identité vacille. Cela explique pourquoi, une fois nos cheveux devenus gris, nous conservons cette étincelle dans le regard que notre mère observait dans notre enfance.

Tout cela signifie que, si tu arrives au travail en étant la même personne que celle qui a quitté ton appartement, c'est un peu une affaire de hasard. Ou, pour le formuler autrement, si le temps promet de subvertir l'identité autant que de fournir des preuves en sa faveur, alors même ce trajet quotidien, tout banal qu'il est, doit t'exposer au risque de changement. Que ce trajet soit l'un des moments les plus anodins de ta vie n'y change rien, car il peut arriver n'importe quoi en cours de route susceptible d'être à l'origine d'un redéfinition de ton identité : tu peux perdre une jambe dans un accident de voiture, lire un article qui modifie tes opinions politiques ou bien recevoir un coup de fil qui t'apprend que ton poste a été délocalisé dans un autre pays. Pense aussi à ces images que tu auras forcément vues à la télévision, à ces gens qui descendent d'un avion dont le moteur a explosé, qui a failli subir une collision en vol ou a été l'objet d'un détournement terroriste ; à l'air égaré des passagers, on devine que l'expérience les a transformés. De telles transfigurations peuvent aussi être merveilleuses : sur ce trajet apparemment routinier, tu peux un jour tomber amoureux et descendre de la rame le visage radieux.

La leçon à en tirer, c'est que les choses qui tournent bien et les choses qui tournent mal ne sont pas opposées. Cette transhumance de chaque jour en est la preuve : si les choses ont fonctionné comme tu l'avais programmé, tu as eu de la chance. Cette loi, énoncée en un néologisme frappant par le philosophe français Jacques Derrida – qui avait un faible pour les voitures – comme la loi de « destinerrance », veut qu'il soit impossible d'arriver à destination sans possibilité d'être détourné en chemin : faire le trajet signifie dans l'absolu être à la merci des deux issues, arriver et ne pas arriver, et tu ne peux pas quitter les starting-blocks si tous les paris ne sont pas ouverts. Commencer un trajet ne veut rien dire d'autre : l'esprit d'aventure, qui comprend l'éventualité d'être évincé de la course, flotte au-dessus de nous quels que soient la comète et les plans que nous faisons sur elle. Saint Christophe lui-même, le saint patron des voyageurs, se trouve éclipsé pour toujours par ce génie plus versatile.

Ainsi en est-il pour chaque individu pris séparément. Mais il est rare que nous fassions seuls ce voyage ; et, de toutes nos expériences quotidiennes, c'est ce trajet pour aller au travail qui est le plus susceptible de nous mettre au contact d'autres personnes. En particulier pour ceux qui vivent et travaillent en ville, il n'y a rien de tel qu'un trajet dans les transports pour nous rappeler que nous partageons le monde avec une multitude de gens – souvent des milliers –, et la plupart d'entre nous ont probablement éprouvé cette sensation humiliante d'être seulement dans la foule un parmi tant d'autres. Nous devinons ce que répondrait Nietzsche – redouble de pugnacité dans l'affirmation de toi-même – et nous avons vu que, même si tu répugnes à l'autocréation nietzschéenne, tu as les moyens de te distinguer des autres presque sans en faire l'effort, rien qu'en badgeant comme d'habitude – bien que ton identité ait été tranquillement menacée tout au long du chemin. Mais pouvons-nous penser autrement ce contact quotidien – un contact parfois très physique – avec des étrangers ?

Naturellement, en tant que phénomène, la foule présente des avantages et des inconvénients. Si, dans ce qu'elle a de pire, elle peut être animée d'un même mouvement de masse et piétiner des gens à mort, en revanche, dans ce qu'elle a de meilleur, une foule devient la ressource organisée qui peut construire une grange communautaire et être plus que la somme de ses parties. Pour autant, ce au milieu de quoi nous naviguons quand nous allons travailler le matin n'est pas exactement une foule, mais quelque chose de plus complexe. Voilà pourquoi, sur une autoroute où foncent des voitures roulant vers le sud comme dans une rame de métro remplie d'usagers stressés, c'est une compétitivité qui ne dit pas son nom qui prévaut, et le sens de l'intérêt commun ne se rencontre presque jamais. Oui, nous sommes tous sur le chemin du travail, et nous avons tous en tête de gagner notre croûte, mais parce que le travail implique une compétition et oblige donc à se différencier des autres une fois de plus, la foule qui transhume est tacitement engagée dans une guerre de tous contre tous qui se poursuit parfois après l'arrivée au bureau. Nous sommes tous sur le chemin du travail, mais le travail consiste à prendre de l'avance ou à mettre une certaine distance entre soi-même et ces autres que nous respectons et, pour le dire franchement, méprisons tout à la fois. Et alors même que tu vas avoir besoin de coopérer avec tes compagnons de route afin que la société fonctionne – vous ne pouvez pas tous franchir le tourniquet en même temps – tu veux d'une certaine manière toujours être le premier.

Quand les gens parlent de se frayer un chemin jusqu'au boulot, il faut y voir plus qu'une simple métaphore : il y a un sens réel, quoique voilé, de gagnants et de perdants, de vainqueurs et de victimes, qui est sous-jacent ; et « la guerre de tous contre tous » comporte des implications plus lourdes que celle de simplement s'agglutiner pour former le fameux « bouchon » de l'heure de pointe. Cette formule nous vient tout droit de Thomas Hobbes, philosophe anglais du XVIIe siècle, époque où la démocratie formait ses premiers bourgeons, avec l'affaiblissement de la mainmise de la monarchie et de l'aristocratie terrienne, et où le cadre du monde craquait sous les coups de boutoir du marché libre (l'invention du crédit, la liquidation des domaines de la noblesse, l'expansion impérialiste des routes de commerce) qui, comme un taureau avec ses cornes, cognait de droite et de gauche ; le marché libre, c'est bien vers lui que convergent tant de personnes quand elles vont travailler le matin. Cette vision du futur donna à Hobbes une éruption philosophique : livrée à elle-même, la foule – cette meute d'individus en compétition les uns contre les autres – qui grouille et se grouille d'aller au travail en traversant l'Hudson ou la Seine, le Tibre ou la Tamise, en quête du profit personnel, se retournerait contre elle-même, et il en résulterait la guerre civile. Pour parer une telle perspective, nous devons mettre en place un moyen de sauvegarder la paix.

Ce que Hobbes est en train de décrire, c'est très précisément le point d'équilibre entre ordre et chaos qui se crée pendant la transhumance matinale. D'un côté, il y a une houle d'agressivité latente, la forte envie de jouer des coudes pour tracer son chemin devant tous les autres, sur le mode du chacun pour soi. De l'autre, nous consentons et obéissons à ces mécanismes de contrôle qui sont placés autour de nous et dont le plus emblématique est le feu rouge. Que nous traversions la rue en tant que piétons, que nous la descendions à vélo ou que nous restions coincés dans une rame retenue par un signal, le feu rouge occupe sur le chemin du travail une fonction autre que logistique. Il dit que chacun a le droit, mais chacun son tour ; et si tu te payes un feu rouge après l'autre, tu sais que, au cours de ta vie, cela s'équilibrera et que tu auras autant de feux qui seront verts. La régulation par le feu rouge de notre transhumance quotidienne est en grande partie liée au concept d'équité, et ce noble principe t'est rappelé chaque matin alors que tu surveilles le feu tricolore.

Mais le feu rouge renvoie aussi à l'autorité, et il est en cela un pur dispositif hobbesien. Parce que le feu rouge joue franc-jeu et finit par te donner ton tour, il serait fou de penser qu'il est répressif – et pourtant il est difficile de nier son autorité. Oui, tu peux brûler un feu rouge, mais à ce petit jeu-là tu ne serais pas gagnant – tu n'as pas la conscience tranquille, car tu sais que l'autorité du feu rouge est incontestable. Pourquoi cela ? Parce que son autorité est dépersonnalisée ou abstraite, donc bien plus puissante, disons, que celle d'un agent de la circulation dont l'autorité, par le fait même qu'il est un homme, est un peu plus discutable. Il n'est que l'un d'entre nous, après tout. Et l'autorité abstraite est précisément, selon Hobbes, ce dont toutes les sociétés ont besoin pour se protéger contre elles-mêmes, pour régler leurs différends au niveau purement humain ou interpersonnel où il y a seulement ma parole contre la tienne. En nous remettant à ce système abstrait de justice impartiale, qui s'incarne dans le feu rouge sur le chemin du travail, nous nous mettons à l'abri d'un tas de querelles ; en fait, nous nous mettons à l'abri les uns des autres.

Le chapitre suivant parle de ce que c'est que d'être au travail, mais avant de terminer, il vaut la peine de signaler cette ironie du sort : nous nous donnons parfois plus de mal pour nous rendre sur notre lieu de travail que pour travailler. En fait, c'est en partie parce que nous le devons ; car quelles que soient nos frustrations professionnelles, elles ont tendance à être largement moins viscérales que celles que génèrent les transports, et il y a les mêmes probabilités pour que, le soir à la maison, tu te plaignes à ton compagnon de ton trajet épouvantable plutôt que de telle ou telle réunion difficile. Mais c'est peut-être aussi parce que l'art du travail réside autant dans le fait de montrer qu'on est arrivé que dans celui de faire quoi que ce soit de productif une fois qu'on y est. Une raison simple explique que tu te donnes tant de mal pour aller au travail. Il s'agit d'être capable de dire à ton patron et à tes collègues : « Je suis là, j'ai fait l'effort de venir. » Tu as fait preuve de ta bonne volonté, et cela compte, sans nul doute, pour une part importante dans la démonstration que tu fais ton boulot.

Voilà où tu en es : tu as traversé ce monde d'ombres qu'est le métro, bien trop conscient qu'il est – mais nous le sommes tous – rien moins qu'idéal ; tu es à peu près certain que tu es la même personne que celle qui a fermé la porte de chez toi une heure auparavant ; et tu as de justesse évité d'étrangler les co-usagers des transports. Contre toute attente, tu as réussi, et la silhouette du bureau, du labo, de l'usine, de l'hôpital, de l'école, du stade se dessine devant tes yeux. La prochaine question est : à quoi ça sert ?

IV

AU TRAVAIL

N'as-tu jamais eu le fantasme de quitter ton travail ? D'entrer à grands pas dans le bureau de ton chef et de lui dire ce que tu penses de lui (il est plus probable que ce soit un homme) et de sa saleté de boîte ? De repartir à pas nonchalants, après ton exploit, à travers les rangées de bureaux, la tête haute, accueillant d'un air suffisant les regards d'admiration respectueuse et intimidée sur les visages de tes collègues ? De sortir de ce foutu immeuble pour la dernière fois et d'offrir ton visage au soleil pour ta nouvelle vie ?

Si tu te reconnais dans ce fantasme, il en dit long sur toi. Premièrement, il est certain que tu t'es trompé de métier. Deuxièmement, si tu n'as pas encore fait de ton fantasme une réalité, tu es un lâche. Ou, troisièmement, pour être moins dur, tu n'as pas su constituer un filet de sécurité : tu ne peux pas démissionner parce que tu as des engagements financiers – des emprunts immobiliers, un loyer, des enfants, des dettes, des factures – et pas assez d'argent de côté pour t'en dégager. Enfin, ce fantasme dit que tu entres bien dans ces 66 % de la population.

Selon une récente enquête dans un journal, 34 % des millionnaires du loto préfèrent garder leur travail. Si on part du principe que, avant de toucher le jackpot, ces gens-là sont plutôt dans la moyenne, on peut en déduire que près d'un tiers de ceux qui sont au travail ne le font pas seulement pour l'argent. Même si on pondère cette analyse en considérant que les tranches sociales inférieures dépensent des sommes plus importantes au loto et que certains joueurs sont déjà à la retraite, il reste toujours environ un quart de la population laborieuse qui, après une telle manne, ne quitterait pas son emploi. Loin d'attendre l'heure du gros lot au bureau, ces gens, quand ils sont enfin en position de tout plaquer, ne quitteraient leur travail sous aucun prétexte. Ils continuent à travailler bien qu'ils n'en aient pas besoin. D'où la question du sens exact du travail.

Dans sa définition la plus classique – celle que Marx allait réviser si radicalement, comme nous le verrons – le travail est un échange de main-d'œuvre contre de l'argent. Et partout où l'argent est impliqué, il y a une force mise en œuvre, une action de résistance contre le mouvement de la nature. Car de ce que tu doives être payé il se déduit que tu aurais préféré rester au lit ou aller à la pêche et que, par conséquent, pour tolérer cette interruption malvenue de ton plaisir, tu entends recevoir une « indemnisation ». Mot aux connotations particulières – être « indemnisé » après avoir subi un préjudice – la notion d'« indemnisation » nous ramène néanmoins au concept qui est au cœur du travail, celui d'*équilibre* : chaque fois que prend place cet échange de la force de travail contre de l'argent, il faut qu'il y ait équivalence. De ce point de vue, il n'y a pas de différence entre acheter de la main-d'œuvre et acquérir du sucre ou des enveloppes ; là aussi le troc de marchandises contre de l'argent doit être juste et l'équilibre exact.

Mais on peut dire que, pour un quart de la population laborieuse, ceux qui en théorie travailleraient indépendamment du montant de l'indemnisation, cet équilibre est absent, et c'est une proportion assez importante pour nous autoriser un commentaire à la fois cruel et gentil. L'interprétation bienveillante dit que ceux qui constituent cette tranche de population ont noblement élevé le travail au-dessus des préoccupations financières. Ils voient dans le travail la possibilité d'une satisfaction professionnelle ou d'un accomplissement personnel ; soucieux de ne pas passer pour des égoïstes, ils considèrent le travail qu'ils font dans le meilleurs des cas comme un moyen de « rembourser leur dette vis-à-vis de la société », de « payer leur écot » ou de « faire bouger les choses ». Sans doute continuent-ils à en tirer un salaire, mais leur travail compte presque comme s'ils l'offraient à une œuvre caritative ; il est une sorte de bien gratuit, donné sous l'impulsion d'un sentiment de devoir moral. En tant que tels, ces gens confirment ce que d'autres enquêtes rapportent invariablement : que les employés ne recherchent pas seulement une récompense financière, mais aussi des bénéfices immatériels, comme la chance de tourner à plein régime ou d'avoir une motivation.

Et si tant de vertu vous donne la nausée, il y a la perspective plus cruelle. Après tout, pendant que vous autres, tous autant que vous êtes, gardez la tête baissée, eux, ils campent à leur bureau en sifflotant, quand leur visage ne surgit pas au-dessus de votre box de travail avec un éclatant sourire. Mais laissons de côté les *sentiments* que cette catégorie de personnes ne manque pas d'inspirer de temps en temps à la majorité qui s'en tient à vendre son travail contre l'argent qu'il vaut et qui ignore tout de cette relation sereine qu'on peut entretenir avec sa vie professionnelle : il y a des raisons plus rationnelles de ne pas les aimer. Parce que cette agaçante minorité ne renonce pas à être « indemnisée » pour quelque chose qu'elle aurait fait de toute manière, le travail devient un loisir : elle obtient un double rendement sur l'effort investi, retirant deux fois plus que la mise de départ et dénaturant le marché. En augmentant la valeur émotionnelle du travail qu'elle fait dans le cadre de l'entreprise, cette minorité abaisse sa valeur monétaire, de telle sorte que sa présence sur le lieu de travail aura un impact anti-inflationniste, même subtil, sur les salaires et provoquera donc un gâchis pour les autres.

Mais qu'il inspire des commentaires sympathiques ou sarcastiques, ce groupe ne mérite pas plus d'attention, évidemment, que les employés qui se trouvent à l'autre bout de l'échelle, pour qui l'équilibre est rompu parce qu'ils sont payés moins que ce qui est juste. Au-delà de la satisfaction des cadres supérieurs qui affirment que « notre plus grand atout, ce sont les hommes et les femmes de l'entreprise », la réalité du travail peut donner à beaucoup de ces hommes et de ces femmes l'impression que l'équilibre de l'échange est rompu : ils n'ont pas le sentiment d'être estimés à leur juste valeur par leurs responsables pour toutes les heures passées à plumer des poulets, saisir des données ou charger des valises dans un avion. C'est ce que le mot « atout » révèle de façon ironique : comme dans cette autre formule particulière empruntée au monde du travail, « les ressources humaines », il est clair que ceux qui font le sale boulot sont essentiellement considérés comme des unités de valeur économique, et non comme des personnes.

C'est alors que Karl Marx entre en scène. La sous-indemnisation de la force de travail porte un autre nom, plus explicite : on parle communément de salaires d'esclave pour désigner, grosso modo, ce qui est payé à ces gens qui donnent bien plus qu'ils n'en retirent. Cette situation a inspiré à Marx deux idées clés. De manière cruciale, Marx a affirmé qu'elle n'était pas le résultat d'un accident économique, d'une aptitude innée ou d'un processus social, mais de forces sociales spécifiques. Si certaines catégories de travailleurs sont terriblement sous-payées pour leur travail, et que cela les maintient dans la pauvreté, ce n'est pas seulement parce que c'est dans l'ordre des choses ou parce qu'elles sont stupides, qu'elles ont la poisse, qu'elles sont racialement inférieures ou paresseuses ; il faut plutôt inscrire ce phénomène dans une chaîne de causes et remonter ainsi jusqu'à leurs patrons, qui prospèrent à leurs dépens. Et qui sont ces patrons ? – ô surprise ! – ceux qui sont payés plus que leur travail ne le vaut. En effet, c'est justement d'être payés plus que nécessaire qui leur permet d'acquérir leur pouvoir. Le supplément qu'ils se mettent dans la poche – le salaire royal, les bonus princiers – se traduit en capital, et du capital découle une panoplie de bénéfices se renforçant mutuellement qui peut inspirer du ressentiment aux autres. Au demeurant, il n'est pas besoin d'être au bas de l'échelle pour déceler l'injustice dans ce que décrit Marx : des tas de cadres intermédiaires, blêmes, jetteront un œil en coin sur le bureau d'angle du patron et se demanderont si le travail qui y est effectué justifie réellement un salaire bien plus élevé.

Quelque complexes et controversées que soient les discussions sur le capital, le cœur du problème c'est que certains sont payés plus qu'ils ne devraient l'être. Qu'il soit immobilisé en actions ou en terre, le capital est de l'argent épargné, et c'est bien pourquoi, pour les pauvres qui n'ont rien à épargner, le capital reste un trésor insaisissable : il n'y a qu'à partir du moment où les besoins de base sont satisfaits que l'on peut se consacrer à constituer un actif de départ. Mais si la chance devait assez te sourire pour que tu puisses escalader le plus bas des barreaux d'or de l'échelle, le premier bénéfice qu'apporte le capital est la possibilité de conforter ta propre position, d'abord en investissant ce même capital de façon à le multiplier et en creusant par là l'écart entre toi et ceux que tu laisses derrière. Tu peux même attendre avec impatience ces intérêts composés, dont le baron Rothschild a déclaré qu'ils étaient la huitième merveille du monde. C'est là un autre aspect crucial du capital : il a partie liée avec la croissance, il fabrique plus de lui-même à partir de lui-même, comme la levure, l'ingrédient magique que le capitaliste poursuit voracement. Quant aux travailleurs, eh bien, qu'ils mangent de la brioche.

Une fois qu'on en est là, la situation ne fait qu'empirer, car ce raidillon vertical que le capital instaure entre les riches et les pauvres déborde la dimension financière et se manifeste dans la société sous la forme de différences de classes – comme s'il y avait effectivement un ordre naturel des choses plutôt que le fait brutal du capital séparant une société en classes distinctes. Ce que nous appelons « classes », en d'autres termes, est une excuse pour les inégalités économiques qui prévalent, une excuse qui fait que ces inégalités passent pour inévitables, ce qu'elles ne sont pas. Mais si ce constat a l'air désespéré, il conduit Marx à sa deuxième idée fondamentale, qui soutient la possibilité de rédemption ou de revanche : le fait que les riches ne peuvent rien sans les pauvres et donc que les pauvres ont des forces cachées.

Inspiré par l'analyse de la relation maître / esclave proposée par Hegel, qui a montré que les maîtres ne sont maîtres que dans la mesure où ils sont reconnus comme tels par ceux qu'ils dominent, Marx a isolé une vérité plus essentielle encore : la richesse d'un homme est la pauvreté d'un autre, ce qui veut dire que les riches dépendent des pauvres et que les pauvres, par un juste renversement des rôles, y puisent un certain pouvoir. Plutôt que de les laisser gaspiller ce pouvoir, Marx encouragea les pauvres à l'exploiter en présentant leur travail non pas comme dépourvu de valeur, mais au contraire comme indispensable ; ce sont les travailleurs, après tout, qui « possèdent les moyens de production ». Si la méthode la plus directe pour mettre en évidence la valeur de son travail est de le refuser à son patron en faisant grève – nous mesurons le prix d'un éboueur quand il ne ramasse plus nos ordures –, il y a des énergies plus profondes en jeu. L'autre leçon que Marx apprit de Hegel est que l'histoire, comme une comète, est lancée dans une course immuable dont la destination est la vérité, vérité comprise comme l'état dans lequel les maîtres et les esclaves se voient chacun dans l'œil des autres et ne perçoivent aucune différence entre eux ; nul n'est plus égal que l'autre. Si la société s'élève jusqu'à ce palier, l'échelle de l'inégalité sera bonne à jeter, et une communauté prévaudra. Faire grève pourrait accélérer ce processus, et un coup d'État pourrait jouer le rôle de catalyseur, mais dans l'un et l'autre cas on aboutit à l'État communiste, conclusion à laquelle les exercices pratiques des étudiants de 2e année du capital doivent irrésistiblement conduire. Les esclaves – le plus gros de la main-d'œuvre – n'ont rien à perdre sinon leurs chaînes.

Face à une formulation aussi virulente, comment pourrait-on voir le capital autrement que comme un mal, ou le travail comme autre chose qu'un moyen sauvage de séparer les nantis de ceux qui n'ont rien ? Le dégoût que t'inspire ton directeur trop payé et trop bien nourri n'est-il pas justifié ? Ne devrais-tu pas adhérer à un syndicat et manifester pour une plus grande équité des salaires ?

La réponse est que non seulement le capital peut ne pas être un mal, mais qu'il pourrait être l'étendard même de la vertu. C'est du moins la réponse de Max Weber qui, après avoir lui-même grandi dans une famille aisée, contribua à lancer la discipline de la sociologie. Si le capital est l'argent qui te reste une fois les factures payées, il ne faut y voir, selon Weber, que la conséquence de ton rude labeur. Loin de mériter le pilori à cause de ta richesse, il se pourrait qu'elle te rende digne de vénération, car elle témoigne de ton éthique du travail ; si ton directeur est arrivé là où il est, ce n'est pas grâce à un coup de chance, mais parce qu'il s'est tué à la tâche. Comme disait Jack Welch, l'ancien PDG de General Electrics : « Plus je bosse dur, plus j'ai du bol. » Qui plus est, si tu ne le flambes pas le vendredi soir, ce gros morceau rudement gagné est une preuve de ta frugalité – une frugalité qui poussa Weber, dont la mère était une calviniste aux principes stricts, à mettre en évidence le lien avec le protestantisme, qui insiste sur les vertus combinées du travail et de l'abnégation. Que ces vertus concourent bel et bien à produire des espèces sonnantes et trébuchantes est une merveilleuse ironie, bien sûr, vu que, dans la conception calviniste, le fric en tant que tel continue à être considéré comme obscène. C'est à juste titre que l'on parle d'argent comme d'un flux et que la monnaie est « liquidités » : de fait il coule et s'évapore, d'où la nécessité de l'enterrer, de le cacher, de le déposer dans un coffre où sa valeur peut s'accroître dans le noir. Le mouvement de protestation qui a donné son nom au protestantisme s'est opposé à l'étalage, à la limite de l'obscénité, de l'Église catholique, et l'aversion de la Réforme contre l'histrionisme s'applique également à l'argent : mieux vaut paraître moins riche que tu ne l'es et continuer à accumuler les heures de travail. Ce seront les types tranquilles dans le bureau qui riront les derniers.

Soudain, la définition du travail comme le simple échange de main-d'œuvre contre argent semble simpliste. Soit cet échange est injuste, ce qui crée un système à deux vitesses piloté par des maîtres intéressés (Marx), soit il est juste, mais tout de même dominé par des maîtres – ceux qui ont appris l'abnégation. À cet égard, les deux penseurs se méfiaient de ce que signifiait cette notion de « domination », et Weber en vint à s'interroger sur la forme que pouvait prendre cette domination sur le lieu de travail – c'est-à-dire la « direction ».

Il distingua trois catégories de domination, dont la mieux connue est la domination charismatique. Aujourd'hui nous avons tendance à nous représenter le charisme comme une qualité positive, singulière, que certaines personnes ont la chance de posséder – tu as peut-être eu l'occasion de travailler pour un patron dont le charme naturel et la force de conviction étaient tels que tu ne pouvais qu'être d'accord avec lui ; peut-être même as-tu cherché à gagner son estime et t'es-tu montré prêt à tout pour le satisfaire. Mais pour Weber et ceux qu'il a influencés, le charisme a une face cachée. Comme un ingrédient secret, il est aussi insaisissable que désirable, et il ne fait pas partie des talents qu'on peut acquérir à force d'entraînement. Quand les postes les plus haut placés sont à pourvoir, plutôt que telle ou telle ligne sur le CV, ce sont souvent les qualités indéfinissables de tel ou tel individu qui font la différence. Ce qui est dangereux, car cela implique que les gens qui regorgent de charisme peuvent tirer leur épingle du jeu malgré leur manque de compétences élémentaires, quitte à utiliser leur charisme comme un voile derrière lequel ils manipulent autrui. Le plus grave, c'est que nous nous associons à cette manipulation : le « charisme » du chef, dit Weber, repose autant sur les désirs superstitieux de ceux que le chef mène à la baguette que sur ses mérites innés. Debout près de la machine à café, nous échangeons des potins sur le patron parce qu'il est le patron, et les potins ne font que renforcer le sentiment qu'il est quelqu'un de spécial ; même si secrètement nous savons qu'il est ennuyeux comme la pluie, nous ne pouvons nous empêcher de lui attribuer un caractère mystérieux, ce qui en dit long sur notre propre besoin de nous attacher à quelqu'un.

Heureusement, la domination prend des formes moins menaçantes, et c'est le type « légal-rationnel » de Weber qui s'applique plus largement au travail tel que nous le connaissons de nos jours. C'est vrai, certaines entreprises sont encore structurées autour du troisième type de domination wébérienne – la domination « traditionnelle », qui prend la forme d'un patriarche en charge de sa famille, ou du seigneur féodal surveillant ses terres –, mais la nature et l'échelle du commerce moderne font qu'elle trouve son organisation la plus efficace dans la bureaucratie, qui se caractérise par la domination « légale-rationnelle » et qui redéfinit le chef non pas comme une présence charismatique, mais comme un fonctionnaire compétent dont l'autorité est étayée par des règles plutôt que par sa personnalité. Il est bien sûr rare aujourd'hui d'entendre le mot « bureaucratie » prononcé sans mépris, mais la réalité n'est pas si épouvantable qu'on pourrait le croire, pour la simple raison qu'elle atténue les abus de pouvoir implicites dans les deux autres types de domination. Peut-être jugeras-tu, de par ton expérience personnelle, que la bureaucratie est suffocante, mais il se peut que, comme la démocratie, elle soit la « moins mauvaise solution » lorsqu'on cherche à prendre en compte les préoccupations d'un grand nombre de personnes.

La bureaucratie a elle aussi différents visages, et celui que tu reconnaîtras instantanément, du fait de ton expérience professionnelle, est celui de la hiérarchie. Si les organisations ont des hiérarchies (et quelle organisation n'en a pas, fût-elle officieuse ?), c'est plus pour des raisons « légales-rationnelles » que charismatiques : il ne s'agit pas de privilégier certains travailleurs par rapport à d'autres (quoique cela en soit la conséquence), mais d'adopter une structure – la structure pyramidale – qui soit plus appropriée à de grandes quantités de travail. Les travailleurs les moins qualifiés peuvent effectuer les tâches les plus mécaniques, mais leur manque relatif de qualification fait qu'ils ont besoin d'être dirigés par la couche juste au-dessus d'eux, et ainsi de suite. Et si jamais tu pensais, comme Marx, qu'une hiérarchie est d'abord un moyen dissimulé de consolider une différence de classe, en réalité il en va comme dans la structure de commandement des forces armées : la hiérarchie assure simplement une transmission plus rapide des instructions en éliminant au maximum ces « frictions » (c'est le terme qu'emploie l'armée) qui se présentent immanquablement dès qu'on consulte ou débat. Si cela exclut l'opinion des moins qualifiés, c'est seulement pour accélérer le travail lui-même, dont les besoins sont simples, implacables et continus. En d'autres termes, si tu trouves que, question hiérarchie, tu es franchement loin du sommet, tu ne devrais pas en faire une affaire personnelle.

Ce type de comparaison entre organisation commerciale et armée a perdu de son importance, bien sûr – les « ressources humaines » s'appelaient autrefois le « service du personnel » –, et nous cherchons aujourd'hui à employer des termes plus organiques – le « système vivant » par exemple, ou l'« ADN organisationnel ». Mais les transformations linguistiques n'ont pas mis fin aux hiérarchies en place, dont nous pouvons lire une apologie moderne sous la plume d'Elliott Jaques, le gourou du management (une expression qui, pour certain, est un oxymore). Avant de louer la hiérarchie cependant, Jaques s'en prend aux équipes. Avec le recul d'un homme écrivant à la fin du XXe siècle, il était en mesure d'analyser de façon dépassionnée les évolutions qui ont pris place après guerre au travail, et notamment le développement du travail d'équipe – la forme de travail la plus incompatible qui soit avec le principe de la hiérarchie.

À première vue, l'équipe semble une bonne idée, et s'il t'est un jour arrivé de travailler en équipe, tu peux avoir éprouvé une sensation d'appartenance fort plaisante – à tel point que, peut-être, tu as développé une plus grande loyauté envers elle qu'envers l'organisation dont elle fait partie. Parce que l'équipe reconnaît et exploite des talents divers, elle est le reflet des progrès accomplis dans la société en général : l'expansion de la démocratie libérale, la formulation des droits de l'homme, l'extension du droit de vote aux minorités et l'élargissement des systèmes de couverture sociale – autant de bonnes choses, à n'en point douter. On peut également relier l'essor du travail en équipe à l'essor du groupe de consommateurs et à l'émergence de la thérapie de groupe, qui offrent à leurs membres la possibilité de s'exprimer. L'« équipe » est devenue de fait si saturée de ces valeurs occidentales d'inclusion, qu'à louer les mérites relatifs de la « hiérarchie » on passe presque pour un partisan du fascisme... Et si le terme d'« équipe » est unique dans sa capacité à incarner l'aversion de l'après-guerre pour les pratiques autoritaires, c'est bien sûr le sport qui lui fournit sa référence la plus évidente ; dans le jargon des affaires, les métaphores sportives sont assurément les plus omniprésentes de toutes (« marquer des points », la « passe décisive », etc.). Il est certain que le jargon sportif sert en partie à « glamouriser » ce qui est essentiellement un travail de bureau sans aucun glamour, mais sa verve générale contribue à un esprit de corps qui est plus propice à la bonne marche du travail. Si une équipe de collègues arrive à se mobiliser comme une équipe sportive de haut niveau, les ressources profondes d'énergie discrétionnaire peuvent être libérées. Pris ensemble, tous ces facteurs font de l'équipe une vache sacrée dans l'entreprise ; essaye de dire à ton patron que tu n'es pas un « joueur d'équipe », et regarde combien de temps il lui faudra pour te licencier.

Malgré tous ces avantages, pour Elliott Jaques, l'équipe n'est pas à la hauteur de ses promesses. Quand elle se réunit, le total des individus ainsi rassemblés représente moins que la somme des parties, notamment parce que la répartition de l'effort entre plusieurs personnes conduit à la fois à un émiettement de la responsabilité et à une confusion des rôles. Dans une équipe, il est facile de se cacher. Tout le monde – et personne – est responsable, et quand la réunion se termine, on ne sait pas clairement qui est supposé faire quoi. Même si l'on a gagné en termes de compréhension mutuelle, on a perdu au niveau du travail, alors même que l'équipe n'a été mise en place que pour optimiser la réalisation d'objectifs professionnels. Pire encore, l'« équipe » reste soudée même en l'absence de match à jouer, ce qui signifie qu'elle est dorénavant moins une équipe qu'un regroupement commode qui finit toujours par travailler dans son intérêt propre.

C'est en réaction à cette tendance que Jaques recommande le recours à la hiérarchie. Si la raison d'être d'une organisation est d'accomplir un travail effectif – plutôt que de fournir un environnement de socialisation –, alors la production est mieux servie par cette ligne qui, partant du patron, a aussi dans le patron son point de retour et traverse de part en part l'organisation. Il peut ainsi voir par lui-même où en est l'exercice de la responsabilité à son stade de progression ascendant ou descendant. À chaque niveau, le travail est « possédé » au sens propre du terme ; et il est plus probable que, là où il est possédé, il soit fini ; les équipes sont une bonne chose du moment que le travail est réparti en leur sein de façon claire et que l'équipe a un chef identifiable (en ce sens, la dichotomie entre les équipes et la hiérarchie est fausse). À condition d'être dénuée de traits politiques, sociaux ou psychologiques, la hiérarchie n'est que la forme que doit nécessairement revêtir une telle propriété ; le patron, en retirant son masque de père Fouettard, devient simplement celui qui garantit avec prudence le passage fluide du travail à travers les couches du management. L'« organisation » représente la manière dont le travail – plutôt que la main-d'œuvre – a besoin d'être organisé, et une fois que le travail est rétabli à sa juste place, tout peut avancer.

Malheureusement, peu d'organisations fonctionnent aussi facilement. Ce n'est pas qu'elles soient dépourvues du squelette que fournit une hiérarchie, mais elles sont faites aussi de chair. Étant composées d'êtres humains, d'histoire et d'habitudes, elles ne peuvent être réduites ni à la hiérarchie ni au travail qui fait la navette de haut en bas de cette hiérarchie ; et c'est cette grande quantité d'autres facteurs, au-delà de ceux qui peuvent être identifiés, que nous appelons « intrigues de bureau ». Par conséquent, il nous faut, au travail, négocier une combinaison bizarre de règles formelles et de réalité informelle, de ce qui est préconisé et de ce qui existe en pratique, de sens aigu des affaires et d'émotion aveugle. J'ai parlé d'« indemnisation » au début du chapitre, et pour cet aspect du travail en tout cas – car pour le reste il est *inadapté* – le mot tape en plein dans le mille : chacun juge en effet qu'une indemnisation lui est due précisément pour compenser le fait qu'il ait accepté de subir toutes les absurdités qui accompagnent les intrigues de bureau. Ce qui nous ramène au point de départ, à savoir la question de la nature du travail et de sa contrepartie appropriée.

Pour répondre à la croissance rampante de l'économie de services, Margaret Thatcher a prononcé une phrase fameuse, qui disait en substance que la tâche de chacun de nous ne peut pas se réduire à faire la lessive de son voisin – quelqu'un doit aussi fabriquer les vêtements. Mais l'économie de services – dite aussi « du savoir » – n'a pas bien écouté la leçon : à la génération suivante elle ne faisait que semer à tous vents. Dans les services professionnels, c'est l'« activité de conseil » qui peut, par analogie, être rapportée à la lessive de son voisin ; dans le secteur public, c'est le « travail en partenariat » ; et même l'industrie manufacturière n'a pas échappé à l'obligation de la « direction de la relation clientèle », par laquelle un producteur de voitures, par exemple, doit « convaincre » ses « actionnaires » de ses projets et de l'impact qu'ils auront sur eux. Dans tous les cas, il est difficile de définir ce qu'est exactement le travail, ou pourquoi, dans ces conditions, on devrait être payé en retour. Sa modalité principale est, après tout, la parole, et pour quiconque croit qu'un emploi devrait employer les mains – comme pour labourer, semer, traire, fabriquer, réparer, couper, coudre, façonner, soulever, déménager –, l'idée qu'on puisse être payé à parler peut paraître bizarre et même injuste. Sans oublier qu'il existe un nombre significatif d'activités de bureau qui n'impliquent même pas de parler mais seulement d'envoyer des courriels (les écrire, mais aussi les effacer, les faire suivre, y répondre et ainsi de suite). Ajoutons encore le fait bien réel que les travailleurs vont aussi bavarder avec les collègues, téléphoner chez eux, faire du thé et faire un tour aux WC, et nous commencerons à nous représenter quelle quantité de *travail* ils produisent. Une enquête récente, réalisée par un magazine de management, a mis en évidence que les travailleurs américains passent trente minutes par jour juste à mettre les choses en ordre avant de commencer à travailler. Il est clair que « travailler » et « être au travail » sont synonymes, mais jusqu'à un certain point seulement.

Et pourtant peut-être la course de ce vaisseau s'enfonçant toujours plus loin dans l'espace n'est-elle pas aussi irréversible que nous en sommes venus à le croire. Peut-être sommes-nous au bord de ce que Michel Foucault appelait une « rupture épistémologique ». Semblable au fameux « changement de paradigme » dont elle partage de nombreux traits, la rupture épistémologique marque un moment critique dans l'histoire où un nouveau cadre de vision du monde vient s'interposer : le recadrage de l'histoire de Karl Marx en tant qu'histoire de la lutte des classes, par exemple, était une de ces ruptures. Peut-être la crise actuelle en termes de ressources de première nécessité – essence, eau, nourriture – conduira-t-elle à une correction de cette dérive vers toujours plus de formes abstraites de travail. Alors que le coût de ces ressources de base augmente, nos dépenses de services diminuent, et nous nous concentrons davantage sur ce qui est réel. Cela pourrait avoir un effet frappant sur notre manière de travailler, où il nous sera demandé de ne pas créer plus de « valeur ajoutée » que ce que représente la valeur de base de ce que nous produisons. Qui sait, peut-être le travail en reviendra-t-il à des formes plus traditionnelles, impliquant moins de parlotte et plus d'honnête travail comme rassembler le foin en meules, poser des rivets dans la coque d'un navire ou repriser des chaussettes ?

V

CHEZ LE MÉDECIN

Comme nous le savons, l'humour a du mal à voyager : ce qui fait hurler de rire les Russes laisse les Somaliens de marbre, et inversement. Mais certaines blagues réussissent à passer les frontières nationales.

> Un homme appelle le médecin : « Docteur, que dois-je faire ? Mon ami vient de tourner de l'œil et il est mort ! »
>
> « La première chose à faire, c'est de vous assurer qu'il est vraiment mort. »
>
> « Ok, ne quittez pas… » On entend un coup de feu. « Bien, et je fais quoi maintenant ? »

Ce n'est peut-être pas aussi drôle et surréaliste que la blague décrite dans les *Monty Python* – qui, parce qu'elle faisait mourir de rire les gens, fut utilisée par l'armée –, mais toute étude sérieuse sur les gags à efficacité universelle la mettrait au sommet. Le sens de l'impuissance en cas d'urgence, la mauvaise communication entre le médecin et son interlocuteur, sa conséquence tragique et la totale ingénuité de la dernière question sont autant d'éléments que cette blague sait combiner pour faire naître chez son auditoire une émotion qui est en même temps insupportable et exquise. Dans le genre blague de médecin, on peut dire que c'est le bouquet.

Mais pourquoi y a-t-il bien plus de blagues sur les médecins que sur les vétérinaires ou les jardiniers ? Nous avons tendance à faire des blagues sur des choses qui nous inquiètent, et, dans le cas des médecins, ce qui nous inquiète c'est probablement leur autorité. Comme le grand critique Maurice Blanchot l'écrit dans une extraordinaire histoire sur un patient hospitalisé : « J'aimais assez les médecins [...]. L'ennui, c'est que leur autorité grandissait d'heure en heure. On ne s'en aperçoit pas, mais ce sont des rois. »

Dès que nous nous adressons à lui, nous sommes conscients de l'autorité du médecin : prononcer le mot de « docteur » – un titre et non pas un nom –, c'est déjà nous placer dans des termes inégaux. Quelle que soit la pathologie qui nous affecte, c'est chez le médecin que nous allons, parce qu'il possède le savoir qui nous fait défaut, et, malgré tous les efforts faits pour moderniser les services de santé – faisant du « patient » un « client » qui est censé prendre le dessus –, l'inégalité prévaut. Le médecin promet au moins une opinion avisée sur notre état de santé, au mieux un traitement, et l'attente ainsi créée lui donne presque immanquablement l'avantage de l'autorité. Ajoutons-y le fait que l'affection dont nous souffrons nous met en position de faiblesse, et on comprendra en quoi nous sommes à sa merci. On ne s'étonnera pas que la profession souffre d'une maladie qui lui est propre, une arrogance démesurée baptisée le « syndrome de Dieu ».

L'autorité divine du médecin provient en fait de deux sources, et pas seulement de ses compétences. L'envers de la clairvoyance du médecin est la cécité du malade : sans notre propre incertitude de patient quant à notre état de santé, cette autorité serait réduite de moitié. On pourrait objecter que, depuis l'apparition de cette pratique privée et officieuse qui consiste à « googler » ses symptômes et depuis l'incitation officielle à encourager l'autodiagnostic, nous en savons plus que jamais auparavant sur les mécanismes internes de notre corps, et qu'il est probable que nous arrivions dans la salle d'attente avec autant de données que le médecin lui-même ; cela est tellement vrai que nous devenons exactement le « patient expert » que les services de santé, soucieux de déléguer la responsabilité, veulent que nous devenions. Mais quelle que soit l'étendue de nos recherches, c'est vers le médecin que nous nous tournons pour qu'il donne le jugement final, et nous avons deux raisons d'agir ainsi : d'une part seul le médecin, dûment consulté, peut se prononcer sur notre destin physique, et d'autre part, au-delà d'un certain point de fuite, nous sommes aussi incapables d'apprécier notre propre état de santé que nous le sommes de regarder entre nos omoplates. Même si l'affection est visible à l'œil nu comme dans le cas d'une rougeur, d'une estafilade ou d'un oignon, jamais notre examen ne nous paraîtra suffisant ; nous sentons qu'il doit être ratifié. Permettre au médecin accompli d'abonder dans le sens de notre analyse sur un ton suave a donc deux effets : son autorité en ressort renforcée, à coup sûr, mais surtout les limites de la nôtre se retrouvent clairement posées, ce qui démontre que, sans un tiers, nous ne pouvons pas nous voir clairement. Certains, comme le philosophe autrichien Ivan Illich, sont allés plus loin et ont parlé d'« iatrogenèse », phénomène par lequel nous nous laissons convaincre que nous avons grand besoin de prendre tels médicaments pourtant non nécessaires nous rendant ainsi plus gravement malades encore. Car conférer autant d'autorité au médecin, c'est demander à être médicalisé le plus possible, dans un processus qui exploite la connaissance imparfaite de nous-même, à l'origine de notre démarche de consultation.

Et quand tu laisses le médecin introduire son otoscope dans ton oreille ou examiner tes vertèbres, tu peux méditer sur ce paradoxe décidément bizarre qui fait que nous avons besoin d'une seconde paire d'yeux pour être capable de nous voir. Si l'on accepte que le corps n'est pas seulement le véhicule du moi – des jambes pour nous porter, des bras pour atteindre ce dont nous avons besoin – mais sa véritable substance, de telle sorte que le corps avec l'esprit constitue le moi qu'est chacun d'entre nous, alors notre incapacité à voir comme il faut dans notre corps à moins d'y être aidé signifie que nous ne pouvons pas voir correctement dans notre moi. Il y a une part qui nous échappera toujours, une ombre qui viendra recouvrir la relation pour le reste transparente que chaque moi entretient avec lui-même. S'il est vrai qu'un rendez-vous chez le médecin nous renseigne sur notre état de santé, notre besoin de le consulter confirme d'abord et avant tout que, sur le point précis de ce que nous connaissons de nous-même, nous vivons dans un état d'éclipse partielle. Ce n'est pas nécessairement une mauvaise chose : quelqu'un qui verrait la totalité de lui-même à longueur de temps serait tout autant prisonnier de son corps qu'un hypocondriaque ; une once de non-conscience de soi nous permet probablement d'affronter le monde avec confiance.

Mais il y a plus étrange que cette invisibilité partielle à nous-même : je veux parler de l'invisibilité de la maladie elle-même. Dans un livre qui mélange littérature, psychologie et médecine, *Le Corps en souffrance*, l'universitaire américaine Elaine Scarry propose quelques jalons utiles pour l'étude de cette invisibilité.

Quand on entend parler de la souffrance physique d'une autre personne, les événements qui se produisent à l'intérieur du corps de cette personne peuvent avoir une ressemblance lointaine avec quelque fait souterrain profond, appartenant à une géographie invisible qui, quoique de mauvais augure, n'a pas de réalité parce qu'elle ne s'est pas encore manifestée sur la surface visible de la terre.

Même si nous avons de grands talents d'empathie, la douleur d'autrui ne peut que nous paraître aussi abstraite que la souffrance dont nous sommes témoins quand nous regardons la télévision – ainsi sommes-nous progressivement désensibilisés aux images de victimes d'inondation, par exemple – et c'est une abstraction, une invisibilité ou une incompréhensibilité qui s'applique aussi bien à nous-même quand nous avons mal ou quand notre santé est affectée. Disons, par exemple, que le médecin se fait une opinion qui confirme ou infirme la tienne, confirme son pouvoir et te renvoie comme il convient, sinon exactement comme un livre ouvert à toi-même, du moins bien plus éclairé qu'à ton arrivée. En agissant ainsi, il aura utilisé toute la batterie des équipements scientifiques à la disposition d'un Esculape moderne – lasers, scanners, échantillon d'ADN, sondes, micro-caméra, analyse numérique, imagerie en 3D, bases de données, robots – et mis le doigt sur la bactérie qui t'a envahi, la cellule individuelle qui a été abîmée, le chromosome manquant. Disons, enfin, qu'il poursuit par l'énoncé du nom – astigmatisme, bradycardie, toxoplasmose, mélanome, hépatite – qui désigne la maladie. Tout cela est bel et bon. Sans doute la maladie n'est-elle pas encore physiquement enrayée par un traitement idoine, mais elle a été, par diagnostic, étiquetée rationnellement ; naguère menace obscure, elle a été transformée en objet de science, la connaissance pouvant, à elle seule, apporter quelque soulagement. Mais se peut-il que cette description scientifique passe à côté de quelque chose ? Est-il possible que ce qui, dans la maladie, nous rend malade soit précisément ce qui est non scientifique, non technique et irrationnel, et échappe donc à cette typologie ? Que la maladie soit le contraire de la science ?

L'idée que la maladie ne serait pas scientifique paraîtra bien étrange, parce que notre habitude de décrire la maladie en termes scientifiques est tellement ancrée que nous avons oublié que le diabète, ou le glaucome, n'est pas en soi un phénomène scientifique, mais bien un phénomène naturel. Et quand nous n'utilisons pas des termes scientifiques, nous recourons au jargon militaire. C'est notamment le cas quand nous parlons de virus et de cancers : nous les personnifions comme s'il s'agissait d'un ennemi intelligent, rusé, calculateur. D'un cancer nous pouvons dire qu'il « pense », qu'il va se reproduire, d'un virus qu'il attaque la moelle épinière, et des gens que nous aimons qu'ils « combattent » une infection. Le langage que nous employons pour désigner la maladie, qu'il soit scientifique, militaire, ou les deux à la fois, donne le sentiment d'une intelligence globalement rationnelle. Mais il y a dans ces métaphores l'allusion à une nature bien différente. Il y a, par exemple, une dimension de guérilla dans l'image du virus dormant puis se réveillant d'un coup avant se muer en une force subversive, insurgée et violente : elle suggère, à juste titre, que si la maladie est susceptible d'être décrite en termes rationnels, la raison n'est pas son véritable mode de fonctionnement. Comment l'expliquer ?

Alors qu'il est rationnel, disons pour un ver solitaire, de s'établir dans l'intestin (en tant que parasite, il doit vivre aux dépens d'autrui), nous ne tombons pas malade à cause du comportement du ver solitaire, qui est en soi tout à fait rationnel, mais parce que, quand il est installé au cœur de nos propres besoins vitaux, son comportement nous est nocif. La raison de la mauvaise santé – se sentir malade – va au-delà de la raison qui l'a causée. En d'autres termes, certaines choses te conduisent à tomber malade – tu as choppé le parasite dans une tranche de viande pas assez cuite, disons – mais l'expérience de la maladie te met dans un état qui s'émancipe de la question de ces causes, pour ne plus concerner que le corps malade. En allant au-delà de ses causes, la maladie traverse la lumière de la raison – le médecin l'illumine rapidement de sa torche – puis retourne dans l'obscurité.

La figuration la plus spectaculaire de ce caractère nocturne de la maladie se fait jour dans un célèbre poème de William Blake sur la rose rendue malade par un ver qui n'appartient qu'à elle :

> Ô rose, tu es malade :
> L'invisible ver
> Qui vole de nuit
> Dans la tempête hurlante,
>
> A trouvé où est ton lit
> De joie cramoisie ;
> C'est son noir amour secret
> Qui détruit ta vie[1].

1. William Blake, « La rose malade », traduit de l'anglais par Bernard Pautrat, Paris, Rivages, « Rivages Poches », 2010.

De prime abord, « La rose malade » évoque un chancre qui affecte les roses ; de façon allégorique, le poème montre la maladie de l'amour humain, avec une forte imagerie sexuelle pour en augmenter l'effet. Il est naturellement contrariant de voir dans l'amour non pas ce qui guérit, mais ce qui tue – une maladie en maraude qui franchit mon seuil. Cela dit, il existe une longue tradition qui représente l'amour comme une affliction, et cette infirmité porte même un nom : le mal d'amour, renvoyant à cet état où l'on rêve tout éveillé, à la perte de l'appétit, à la suspension des facultés rationnelles qui se produit quand on est amoureux. Et si l'amour est une sorte de maladie, la maladie est une espèce d'amour, pour la bonne raison qu'elle « vole la nuit », aussi imprévisible et aveugle que ce Cupidon ailé ou qu'une contagion que rien n'annonce ; elle s'incruste sous ta peau et s'exprime dans les mêmes pièces privées enfiévrées où se réfugient les amants. Et, comme en amour, l'aspect essentiellement fébrile de la maladie peut faire perdre le nord et divaguer – sinon jusqu'à des états hallucinatoires, du moins jusqu'au rêve et aux fantasmes – et l'on se perd dans les royaumes de l'imagination.

Un livre écrit par une Américaine contemporaine d'Elaine Scarry, la regrettée Susan Sontag, consacre une célèbre description à cette propension qu'a la maladie de s'exprimer sous la forme de métaphores ou d'images ; mais avant d'en rendre compte, je voudrais relater le moment de radio le plus étonnant que j'aie jamais entendu. Une pédopsychiatre décrivait le cas d'un petit garçon qu'elle avait soigné. Quel symptôme présentait-il ? De manière imprévisible, à l'âge de quatre ans, la personnalité du garçon changea. Là où il avait été brillant, extraverti, vif et curieux, il devint en l'espace d'une nuit renfermé, morose et peu communicatif ; cela dura des mois. Les parents du garçon s'étaient d'abord assuré l'aide de plusieurs médecins spécialisés, mais cela n'avait rien donné. La psychiatre et le garçon eurent l'échange suivant :

> Qu'est-ce qui ne va pas chez toi, à ton avis ?
> *Silence.*
> Pourrais-tu me dire ce qui ne va pas pour toi ?
> Je ne peux pas.
> Tu peux, si tu en as envie. Je ne me fâcherai pas.
> Vous n'avez pas assez de papier.
> *La psychiatre a un regard interrogatif.*
> J'ai beaucoup de papier, regarde. Combien veux-tu de feuilles ? Et j'ai aussi tous ces crayons. Veux-tu me dessiner quelque chose ?

Le petit garçon prend une feuille de papier et dessine une ligne de haut en bas ; puis il prend une deuxième feuille et fait de même. Il met les deux ensemble de telle sorte que la ligne coure d'une feuille à l'autre. Il en prend une troisième, tire une troisième ligne, l'ajoute à la fin de la ligne qu'il a dessinée sur la première et la deuxième feuille, et ainsi de suite. Le garçon continue jusqu'à ce qu'il n'y ait plus de papier et que la pièce de la thérapeute soit traversée par une ligne au crayon ininterrompue. « C'est alors que j'ai compris, dit la psychiatre à l'antenne, que le pauvre petit garçon avait un ver solitaire. »

Dans l'anecdote de la psychiatre, la maladie exploite les facultés créatrices du garçon afin d'apparaître de manière quasi mystique sous forme d'image, presque comme si ce garçon était le secrétaire terrestre d'un démon surnaturel, le porte-parole de la maladie. Admettons que le caractère un peu magique de l'histoire laisse de marbre ; elle touche néanmoins à la sensation que nous avons souvent quand nous en avons ras-le-bol d'héberger une maladie qui passe à travers nous et dont nous devenons pour ainsi dire le véhicule choisi au hasard. Mais l'argument de Susan Sontag dans *La Maladie comme métaphore*, c'est que notre vision, en général, inverse les choses : nous considérons la maladie comme une expression de la personne – tu es ce dont tu es malade. Plutôt que d'aborder la maladie comme un phénomène purement physiologique dont il faut rendre entièrement compte en termes d'étiologie ou d'épidémiologie, nous entretenons, sur la base de considérations psychologiques, toutes sortes d'associations entre la pathologie et le malade, qui ont des répercussions sur celui-ci. Cela pourrait expliquer pourquoi, quand tu te rends chez le médecin, une part de toi redoute qu'il ne se contente pas d'évaluer tes symptômes et qu'il en déduise des choses sur ton caractère. Une mauvaise circulation signifie que tu es un vrai glaçon, par exemple, incapable de chaleur humaine ; un cancer signifie que tu passes ton temps à te ronger de l'intérieur et que ce qui a été réprimé s'exprime enfin, et de la manière la plus cruelle. Que tu le veuilles ou non, ta maladie parle de toi, et nous l'écoutons sans le savoir, à l'instar des gens du XVIe siècle qui en avaient formulé une version prototype dans la « théorie des humeurs » : si, par exemple, ta rate avait un excès de bile noire, tu étais un « mélancolique », mot qui exprime aussi bien ton caractère que ton état de santé. En somme, si tu veux vraiment savoir à qui tu as affaire quand tu rencontres quelqu'un, ne le regarde pas dans les yeux mais demande-lui son dossier médical.

Sachant que Sontag a rédigé son livre pendant la première vague du sida (et qu'il fut réimprimé sous le titre *Le Sida et ses métaphores*), on ne s'étonne pas qu'elle attire l'attention sur la maladie vue sous l'angle des associations qu'elle nous inspire. Le sida fut cette « pathologie gay » qui donna à la majorité morale un prétexte pour prêcher la chute de Sodome ; il mettait en évidence l'immoralité de ceux qui le contractaient et il les punissait en conséquence. Nous ne devons pas oublier l'inscrutabilité insondable, presque mythique, du sida à ses premières heures : tel le « ver invisible » de Blake, il s'était insinué depuis le continent noir jusqu'en Occident ; les connaissances dont nous disposions alors étaient simplement insuffisantes pour neutraliser les images qu'il engendrait. De nos jours, naturellement, les connaissances sont plus importantes, comme c'est le cas aussi pour toutes les pathologies, et cette progression du savoir a permis – ou du moins il faut l'espérer – que l'on accorde moins de crédit aux métaphores déplorées par Sontag, qui étaient aussi méprisantes qu'elles étaient spécieuses. Même si une loi tacite et malveillante a décrété qu'il doit toujours y avoir plus de maladies que de traitements, la conquête du fait scientifique sur la dimension mystérieuse de la maladie continue sans entrave, et donc nos espoirs de guérison ne sont jamais déplacés.

Pour autant, cette idée qu'il y aurait une relation psychologique entre le mal et le patient a entre-temps trouvé d'autres lieux à coloniser. La médecine conventionnelle a beau aller chaque jour de l'avant, elle a trouvé son adversaire dans cette « médecine alternative » qui lui empoisonne la vie en réaffirmant le lien non seulement entre les différentes parties du corps mais aussi entre le corps et l'esprit, et donc entre la douleur et le moi. Quand tu consultes un homéopathe, par exemple, tu prends avec toi l'ensemble de ton être, sans focaliser sur la zone douloureuse comme tu le ferais avec un médecin « normal » qui a été formé, tel que le philosophe qui croit au dualisme du corps et de l'esprit, à séparer les données mentales et physiques. C'est précisément en réaction à une telle pureté clinique que la tradition alternative, holiste, soutient que le corps et l'esprit s'entrelacent pour former un réseau de sentiers neuronaux et mentaux : au lieu d'être tiré vers le bas par le corps, l'esprit s'unit avec lui, et ils forment ensemble un tout qui est plus avancé que ne pourrait jamais l'être l'un ou l'autre pris isolément. Le présupposé de cette seconde tradition, moins autorisée, est celui du modèle d'un actif plutôt que d'un déficit, selon lequel la « médecine » poursuit un objectif bien plus ambitieux que le simple traitement d'un désordre ou la correction d'un dysfonctionnement temporaire. Cette branche moderne du gnosticisme antique, qui soutient que nous avons un dieu en nous qui attend seulement d'être libéré, ne recherche rien de moins que la maximisation du potentiel humain, son efflorescence ; à cet égard, elle proclame activement la capacité du corps à représenter le caractère et même à devenir le médium de l'âme. En théorie, tu pourrais sortir du rendez-vous avec ton homéopathe non pas seulement guéri, mais illuminé.

Le problème est que cette tradition alternative se joue entre les mains du sorcier, du chamane, du guérisseur – tous praticiens qui, en lieu et place d'un diplôme rassurant, de plantes en pot et d'une secrétaire médicale, se parent d'arcanes ethniques, d'arômes non spécifiques et d'auras hypnotiques, autant d'attributs qui servent à rendre mystérieux le personnage dudit thérapeute encore plus que la maladie déjà énigmatique. Si son autorité est construite sur la relation avec le patient, il n'est pas très difficile pour un médecin de l'exploiter, même involontairement, en particulier quand, au désespoir de trouver la guérison, nous sommes comme anesthésiés, nous autres patients, en face de personnes qui se targuent de pouvoir nous soulager. Mais le pire, c'est que ce mystérieux traitement pourrait non seulement ne pas nous guérir, mais même nous entamer terriblement : tu vas voir l'acupuncteur pour réaligner subtilement ton énergie, et les aiguilles te collent une infection. Devant une telle perspective, qui ne se rangerait pas du côté de la vieille école, celle qui, au moins, est reconnue officiellement ?

En réalité, c'est discutable. Laissons de côté pendant quelques instants la question de l'autorité : les praticiens alternatifs peuvent certes préconiser toutes sortes de mystères comme le chi-gong ou les chakras, mais cela est-il moins pompeux et intéressé que de porter une blouse blanche, de s'en remettre aux saintes écritures médicales et de codifier des affections en grec ancien ? Il s'agit toujours de nimber de mystère l'autorité du médecin, et, dans l'un et l'autre cas, l'objectif est de nous maintenir dans un respect mêlé de crainte devant le thérapeute et de transformer notre visite chez le médecin en acte de foi… Même la tradition orthodoxe a depuis longtemps adopté des techniques qui brouillent l'opposition entre santé et maladie. Car, au moins depuis la découverte de la pénicilline, l'idée qu'un médecin puisse dispenser des substances apparemment nocives pour un effet bénéfique a fait son chemin, même dans les couloirs du pouvoir médical, et forcé à porter l'attention sur ce qui, à l'exception du fameux « effet placebo », est peut-être l'un des phénomènes les plus mystérieux : le fait que ce qui tue soigne effectivement. En réalité, longtemps avant la grande découverte de Fleming en 1928 sur les pouvoirs curatifs des bactéries, le terme grec *pharmakon* signalait cette ambiguïté, puisqu'il se traduit à la fois par « poison » et « remède » ; et la même ambiguïté est véhiculée dans des formules comme « soigner le mal par le mal », le remède contre la gueule de bois étant dans ce cas un verre d'alcool. Le principe non intuitif, qui s'applique à certains vaccins, est que quelques gouttes de ce qui est mauvais pour toi peut te faire un bien fou. Toute la question est d'évaluer le bon nombre de gouttes. Car, quels que soient ses mystères, il semble évident que le corps humain présente un environnement hautement réactif, un lieu où une différence minimale de dosage peut produire une différence maximale au niveau des résultats – le remède devenant poison – et où les enjeux sont rarement insignifiants. Il suffit, cela dit, de respecter la dose prescrite par son médecin pour faire l'expérience d'un véritable miracle moderne.

Mais de tels miracles sont aussi de ta responsabilité, et en dépit de l'autorité des médecins et de leurs institutions, tu as voix au chapitre s'agissant de ta propre santé. En matière de médecine, l'effet placebo dont j'ai parlé précédemment est le phénomène qui témoigne le mieux de notre capacité à nous soigner nous-même – non par le traitement, mais par la foi. Car le placebo est la forme pharmacologique de la rhétorique, l'incarnation littérale de la puissance de persuasion. Entrer dans le cabinet du médecin, c'est entrer, nous l'avons vu, non seulement dans un espace clinique placé sous l'éclairage lumineux de la raison, de la rectitude et du remède, mais aussi dans un monde obscur d'autorité, d'imagination et d'irrationnel, où nos émotions autant que nos corps sont en jeu et où notre vulnérabilité augmente à chaque minute passée dans la salle d'attente à parcourir les magazines. Ce que tu attends dans la salle d'attente, c'est d'abord le précieux soulagement qui vient avec la connaissance ; l'attente, en ce sens, est une sorte de cécité. Et au fur et à mesure que ta vulnérabilité augmente, ta résistance à la persuasion s'amenuise, tant et si bien que tu deviens progressivement de plus en plus sensible aux effets du placebo que le médecin prescrira éventuellement. Ce n'est pas en soi une mauvaise chose ; quand nous l'avalons, nous ne faisons pas que boire ses paroles, nous nous convainquons aussi nous-même ; et cela signifie que, de fait, nous n'avons pas toujours besoin du médecin pour nous l'administrer. Ce que démontre le placebo, c'est que si nous croyons que nous allons nous porter mieux, il y a de fortes chances que cela se réalise.

VI

UN DÉJEUNER AVEC TES PARENTS

Dès l'instant où le nouveau-né tète le bout du sein ou la tétine du biberon que sa mère presse sur ses lèvres, il crée un lien avec elle qui passe par la nourriture. En vérité, le lien s'était déjà formé, par le nombril, dans le ventre de la mère, et il continue de s'exprimer au-delà du sevrage, quand elle nourrit sa progéniture à la cuiller, l'attache à ses basques, envoie des colis aux enfants qui ont filé hors du poulailler, et rassemble la famille dispersée pour un déjeuner de fête. Maternité et tarte aux pommes empêchent les gosses de partir. Quid du père ? Son domaine de compétence en tant que « pourvoyeur » ne se manifeste nulle part de manière aussi cruciale que dans sa capacité à mettre de la nourriture sur la table, et dans toute une série de métaphores appréciées qui lui sont propres. Papa est le « gagne-pain » qui « fait rentrer l'argent » pour le « pain quotidien » et donc, même si cela a pour conséquence qu'il faut moins « bâiller aux corneilles » et « davantage mettre la main à la pâte », on attend de lui qu'il fasse « bouillir la marmite »

Ce sont sans doute des stéréotypes, mais peu importe la façon dont ils divisent les tâches entre eux, papa et maman partagent un devoir essentiel, du moins dans les années de formation de leur progéniture, qui est de nourrir les vies qu'ils ont fait sortir du néant. En plus de tout le reste, c'est cela, la vie – la pulsion qui consiste à se sustenter et à se développer –, ce qui veut dire que, sans nourriture, la vie est aussi peu viable qu'elle est difficile à imaginer. Ajoutons à l'équation l'impuissance ahurissante de la vie humaine au stade de l'enfance, et l'on voit jaillir la responsabilité qui incombe aux parents de compenser cette impuissance en fournissant de la nourriture. Parce que la vie dépend de la nourriture, nous devons nourrir les vies qui dépendent de nous ; et si les parents deviennent parents parce qu'ils ont des enfants ensemble et ont conjointement forgé une nouvelle vie, ils demeurent parents en maintenant en vie cette vie et en assurant qu'elle se porte bien.

Selon le schéma que le psychologue Abraham Maslow a développé au milieu du XXe siècle, la condition de parent nous projette tout en bas de la « hiérarchie des besoins humains », conçue sous la forme d'une pyramide au pied de laquelle il est impossible d'accéder à des choses sophistiquées comme former des relations ou apprécier des œuvres d'art – deux modes d'auto-épanouissement – tant que les exigences de base (nourriture, logement) ne sont pas satisfaites. Tout l'amour qu'une mère donne à son bébé ne peut remplacer les précieuses gouttes de colostrum, si bien que le discours selon lequel l'amour est une chose vitale pour le bébé relève quelque peu de la romance ; les mères qui allaitent, réveillées au milieu de la nuit pour une énième tétée, savent parfaitement à quel point tout cela peut être mécanique et acceptent souvent avec difficulté leur nouveau rôle de « machine à traire ». Même si l'on tente de renverser l'ordre des choses en affirmant que nourrir ses rejetons est en soi un acte d'amour et non seulement un devoir, les parents ne peuvent jamais écarter cet élément rudimentaire, et c'est une immense responsabilité que de s'acquitter du rôle de ravitailleur.

Ce devoir de nourrir et d'élever les jeunes vies que les parents ont créées est si primordial qu'il modifie jusqu'à leurs propres valeurs. Dans la vie, les enfants passent avant tout, reléguant leurs parents à un misérable second rang – d'où l'absurdité de ce conseil par lequel les hôtesses de l'air invitent les parents à mettre leur masque à oxygène avant ceux de leurs enfants, et qui met le cœur en conflit avec la tête. Ne s'occupe-t-on pas des enfants avant de se soucier des adultes ? Est parent celui ou celle qui, en donnant la priorité à la vie de son enfant, risquera la sienne ; aussitôt que l'on commence à faire des sacrifices pour ses enfants, ce dévouement n'a plus de limite. Comment, en tant que parent, pourrais-tu jamais dire que tu ne donnerais pas ta propre vie pour sauver ton enfant ? Protéger la vie de l'enfant est tout, donc en définitive la vie du parent ne compte pour rien.

Tel est le premier paradoxe du triangle pour le reste inattaquable qui rive ensemble parents, enfants et nourriture. Sans leurs parents, qui les créent, les enfants ne peuvent exister, et, une fois qu'ils existent, ils dépendent de ces parents pour être maintenus en vie avec de la nourriture et de l'eau. À cet égard, la vie du parent est indispensable à la vie de l'enfant. Mais précisément parce que les parents sont obligés de se mettre en quatre pour la vie plus jeune qui leur est confiée, allant jusqu'à se sacrifier, la valeur de leur propre vie en est réduite d'autant, et ils deviennent alors jetables au énième degré. Dans l'intérêt de l'enfant, le parent consent à la possibilité d'être expédié à la mort en dernier ressort, ce qui signifie que c'est dans le fait de ne plus être parent que se réalise la valeur ultime du parent.

Le deuxième paradoxe est qu'en s'offrant en sacrifice à leurs enfants, les parents eux-mêmes deviennent une sorte de nourriture. Après tout, tu ne peux offrir ta vie sans offrir ton corps – de quoi cela aurait-il l'air ? – et donc tu exprimes, par cette oblation, ton accord pour qu'il soit usé ou abusé de ton corps pour la satisfaction d'autrui, que ce soit Dieu ou un ennemi, dans un effort pour les apaiser et assouvir leur appétit, réel ou figuré. La version la plus frappante et la plus largement pratiquée de cette symbolique nous est bien sûr donnée par l'Eucharistie catholique où les fidèles consomment le corps et le sang du Seigneur, sous la forme du pain et du vin. Dans ce marché sacrificiel entre parents et enfants, c'est le corps physique des parents qui est en jeu, avec pour proposition implicite qu'ils seront mangés avant les corps de leurs enfants, apaisant ainsi la faim qui pourrait sinon s'abattre d'abord sur ces enfants. Les parents deviennent la nourriture, et, sur le triangle, les trois points n'en forment plus que deux.

Ainsi ce déjeuner programmé avec tes parents pourrait-il être plus lourd de sens que tu ne le penses. Nous qui avons pris l'habitude de nous représenter les repas en termes de rituel et les traditions familiales comportant de la nourriture comme le moyen de justifier leur intérêt anthropologique, nous avons mis le doigt dans l'engrenage. Même s'ils n'apparaissent qu'au niveau symbolique et ne risquent guère de se matérialiser dans les choix spectaculaires indiqués ci-dessus, les liens entre parents, enfants et nourriture vont au plus profond, et les conséquences peuvent être graves. Et comme si ces paradoxes ne suffisaient pas, il en existe un autre, plus poignant encore, qui veut que ce ne soient pas les parents mais les enfants qui se sacrifient à travers la nourriture. Nous tâcherons de le comprendre grâce à l'incroyable ouvrage de Bert Hellinger, qui décrit un cas extrême, avant de nous tourner vers Thomas Malthus, le fondateur de la démographie moderne, qui nous aidera à expliquer pourquoi nourriture et sacrifice sont les deux faces d'une même médaille, y compris dans les circonstances les plus communes, et pourquoi ce déjeuner avec tes parents peut être une affaire si chargée de sens.

Au fil de sa carrière polymorphe, Hellinger a été successivement thérapeute, prêtre et philosophe, et plus tard il réunit tous ces domaines dans la pratique dont il est le père fondateur. Connue sous le nom de « Constellations », elle consiste à diagnostiquer les problèmes émotionnels des familles en les présentant sous une forme spatiale. Un membre d'une famille – le « constellé », celui qui a un problème à résoudre – fait part de son problème à un petit groupe d'« étrangers », dans lequel n'entre aucun membre de sa famille, et qui ne peut donc interférer. Le « constellateur » tombe d'accord avec le constellé sur ce que sont les éléments du problème – une ex-épouse, deux enfants et une maison à diviser entre eux, par exemple –, et ces éléments sont alors répartis entre les différentes personnes de la pièce, qui les représenteront. Le constellé déplace les représentants les uns par rapport aux autres jusqu'à ce que leur disposition dans l'espace reflète la vision de son esprit On obtient à la fin une carte vivante – la constellation – des problèmes rencontrés par le constellé et de leur localisation. Si cette technique est en tant que telle assez remarquable – quoique bizarroïde –, on ne peut qu'être stupéfait des découvertes qu'elle permet de faire ; on remarque notamment que la santé émotionnelle (et souvent physique) des familles est influencée, de façon disproportionnée et peu favorable, par des membres qui ont été chassés, oubliés ou niés. Ce n'est pas que le mouton noir de la famille risque de se présenter à la porte pour demander de l'argent ou faire un scandale, mais que, tout à fait involontairement, un des moutons blancs va assumer les problèmes du mouton noir et les manifester sous la forme d'une maladie, ou d'un simple malaise. Un oncle alcoolique, dont il est formellement interdit de mentionner le nom, s'incarnera, tout aussi involontairement, dans le neveu anémique qui semble ne pas réussir à produire assez de sang à l'intérieur de lui ; le jumeau donné pour adoption affectera le jumeau qui a été gardé, condamné à une inconsolable solitude ; et l'insomniaque qui se débat dans ses draps aura inconsciemment absorbé le destin du grand-père mort au combat et qui n'a jamais eu droit à de véritables funérailles – car dans l'algèbre émotionnelle de la famille, les morts comptent autant que les vivants.

Je vais décrire une des nombreuses constellations que j'ai vues. Un père qui approche de la quarantaine déclare qu'il a besoin d'aide : sa fille de quinze ans refuse de manger ; son poids a chuté dangereusement, et elle a été admise dans un hôpital psychiatrique où elle n'est même pas autorisée à boire un verre d'eau sans avoir été pesée au préalable. Les infirmières surveillent ses repas au quart d'heure près, et on l'accompagne aux toilettes pour s'assurer qu'elle ne vomit pas sa nourriture ou ne s'arrange pas pour la jeter. Mais malgré tous ces obstacles mis en place par l'institution contre les ruses qu'elle échafaude pour éviter la prise de nourriture, un nihilisme psychologique se déchaîne en elle : elle est résolue à l'autodestruction. Il ne s'agit pas d'ignorer les éventuelles causes empiriques. C'est une adolescente, et les adolescentes, déjà obnubilées par leur corps – ce que l'histoire médicale a appelé l'« effervescence de la féminité » –, sont de toutes les manières possibles contraintes à être minces. Élève brillante, elle est scolarisée dans une école privée pour filles, une « boîte à bac » tristement célèbre pour ses cas d'anorexie. Si on ajoute que le père lui-même avait quitté le nid quand sa fille avait six ans, on se retrouve devant ce que, dans d'autres situations, on appellerait la « recette » – un inventaire des principaux indicateurs – de l'anorexie mentale.

Mais la constellation révéla des vérités qui allaient au-delà de ces considérations empiriques. Comme de la limaille de fer, les particules du problème, une fois incarnées par les étrangers du groupe, se sont orientées vers un nord magnétique caché non pas dans la fille mais dans le désir de mort du père. Si sa fille s'affamait, c'était en vérité pour sauver le père de la mort qu'il désirait, sans se l'avouer, pour lui-même. Hanté par des fantasmes suicidaires, il s'était donné pour mission de s'exclure lui-même de la façon la plus définitive possible, et, sans le savoir, sa fille, qui pressentait la chose, interrompait ce processus en s'offrant à sa place. Comme dans *Jude l'obscur*, où l'aîné se pend après avoir surpris une conversation entre ses parents où s'exprime leur angoisse de ne pas réussir à subvenir aux besoins de leurs enfants, l'enfant en arrive à une solution définitive. L'anorexie constitue un calcul arithmétique tout à la fois exorbitant, généreux et erroné : si la nourriture est une ressource essentielle pour la vie, mais disponible en quantité finie, mieux vaut que le parent la prenne. De cette manière et d'autres, parents et enfants s'efforcent de faire passer l'autre devant, et la nourriture devient leur principale arène.

Naturellement, il n'est pas besoin de monter une constellation pour figurer l'anxiété qui taraude les familles sur la question des ressources, et il existe d'autres manières moins graves d'aborder le sujet ; dans sa célèbre satire intitulée *Modeste proposition pour empêcher les enfants des pauvres d'être à la charge de leurs parents ou de leur pays et pour les rendre utiles au public*, Jonathan Swift recommandait de consommer ses enfants afin de faire face à la famine qui ravageait l'Irlande du XVIIIe siècle. Parce que cet opuscule est écrit dans un style pour le moins châtié, il est nécessaire d'en lire un certain nombre de pages avant de se rendre compte que Swift n'est pas sérieux. Et il existe encore d'autres approches de cette relation triangulaire entre parents, enfants et nourriture, la plus connue étant peut-être celle de Malthus au début du XIXe siècle, qui en fit une affaire d'analyse démographique. En termes simples, la taille de la famille est déterminée par la quantité de nourriture disponible, quoique cela ne signifie pas nécessairement que les gens riches aient plus d'enfants – c'est même souvent l'inverse, comme nous le verrons. Ce qui est constant, c'est le désir des populations de s'accroître ; car, si le premier principe de la vie est de se maintenir elle-même, le second est de procréer, d'où une pression supplémentaire exercée sur les ressources disponibles pour la subsistance. Il en résulte un mouvement en ligne brisée, fait d'arrêts brutaux et de redémarrages, que l'on pourrait comparer, pour utiliser une analogie moderne, aux modèles de circulation dans un embouteillage : chaque voiture va aussi vite qu'elle le peut jusqu'à ce qu'elle soit ralentie par toutes les autres qui font de même, et l'ensemble adopte un rythme qui alterne des phases rapides et lentes plutôt qu'un 90 kilomètres/heure constant. Selon les termes de Malthus, la pulsion reproductrice « augmente le nombre de gens avant que les moyens de subsistance ne soient augmentés ».

Les conséquences sont d'une portée considérable. Parce que les populations veulent s'accroître, elles sont tantôt en adéquation, tantôt non, avec les ressources dont elles ont besoin. Qui plus est, elles tendent à s'accroître *avant* et non pas après l'apparition de la nourriture supplémentaire requise. Tel est le tableau à grande échelle, mais la même logique régit la famille individuelle à petite échelle : elle fera ce qui ressemble fort à des choix irrationnels, que ce soit au sujet du nombre d'enfants qu'elle peut faire subsister ou de la capacité réelle de ces enfants à finalement faire subsister la famille. Car si les populations augmentent avant que les ressources nécessaires ne soient disponibles, cela veut dire que c'est précisément quand ils n'ont aucune certitude sur leur capacité à nourrir un autre enfant que les parents ont de plus fortes chances d'en avoir un ; de là la possibilité du sacrifice qui consiste à donner un enfant qui serait trop cher à nourrir à la maison. Cette expansion « irrationnelle » de la famille peut s'expliquer par le principe selon lequel, quand des périodes de famine menacent, le souci de construire une famille solide pour l'avenir dépasse celui de subvenir à ses besoins au présent : plus on a d'enfants, plus la possibilité s'accroît de trouver ou de générer des ressources pour la famille, au risque d'un sacrifice futur si jamais ces ressources ne se matérialisaient pas. Cette interprétation permettrait aussi de rendre compte de cette vérité parallèle, quoique perverse, que les sociétés riches ont moins d'enfants, de même qu'elle montre le caractère primitif de la soif vitale de plus de vie, qui se fait jour tout particulièrement au cours de ce que Malthus appelle les « saisons de détresse » : s'il y a des signes que l'espèce est en voie d'extinction, nous commençons à nous reproduire, et la vie se prépare à saisir sa chance.

Quand tu t'assieds pour déjeuner avec tes parents, quelque banal que cela paraisse, c'est un petit miracle qui se produit. Ils t'ont donné la vie et nourri, et tu romps le pain avec eux en mémoire du fait que la famille s'est agrandie, dans les deux sens du terme, pour te recevoir, là aussi dans les deux sens : ta vie même est advenue dans l'espoir qu'il serait possible de partager le repas. Et pourtant, nombreux sont ceux dont l'expérience du repas est toute différente, voire inversée. Plutôt que de se pelotonner au sein de la famille et de permettre à leurs soucis de se dissiper, ils anticipent le déjeuner avec les parents avec un sentiment proche de l'effroi. Quelques connaissances élémentaires en psychologie de la famille suffisent pour savoir qu'une partie de leurs malheurs peut être imputée à leurs parents, d'où leur colère. Pour reprendre les mots de Philip Larkin : « Ils foutent ta vie en l'air, ta mère et ton père ! »

On ne choisit pas ses parents, et tu n'as pas demandé à naître (c'est techniquement impossible, naturellement), mais tu es là, ta vie foutue en l'air par ces gens bizarres à qui, dans d'autres circonstances, tu refuserais même d'adresser la parole ; tu ne peux même pas défaire ton lien avec eux, parce qu'il est inscrit au plus profond de toi. Il n'y a pas moyen de contourner un tel enchevêtrement, et si ce dernier est rarement à l'origine d'une véritable vengeance des enfants sur les parents, il suscite couramment un grand embarras – l'embarras pouvant être défini comme une crise d'appartenance : c'est quand je suis associé à une chose dans laquelle je ne me reconnais pas que j'éprouve de la gêne. Papa fait une remarque raciste sur les poulets rôtis, Maman hisse le store de la cuisine pour épier les voisins, et l'enfant devenu adulte est jeté dans les tourments de sa conscience. Le repas ressoude la famille avec une force que certains assimilent à une camisole de force, parce qu'ils ne peuvent réconcilier leur appartenance à leur famille avec la vie qu'ils se sont construite ; ou bien, devenus des adultes à part entière, ils ne peuvent supporter de se voir rappeler qu'ils ont été jadis enfants – voilà qu'ils se retrouvent à nouveau dans la maison familiale à se faire gaver – ni que leur indépendance est née de son strict contraire.

Naturellement, il est fort possible que le déjeuner avec les parents soit organisé dans un restaurant, et pour les enfants qui ont grandi et ont fait leur propre vie, le paiement de l'addition est un moment crucial. Ta relation avec tes parents passera probablement par trois phases : d'abord ta dépendance vis-à-vis d'eux, à la fin leur dépendance vis-à-vis de toi et, au milieu, une période de transition, avec l'incertitude que cela implique (ce qui ne veut pas dire que les phases une et deux n'ont pas leurs défis spécifiques). Le déjeuner que tu prends avec tes parents se situe probablement quelque part dans cet interrègne au cours duquel il est malaisé de déterminer qui est à la charge de qui et donc qui paye. Certes tu gagnes maintenant ta vie, mais ce sont tes *parents* : même si tu es assez veinard pour que ton gagne-pain mensuel te rapporte le double de leur retraite, l'idée que tu puisses leur payer le déjeuner a quelque chose de déroutant, comme si cela allait à l'encontre de ce que la nature avait à l'esprit ; d'où un moment de flottement avant que chacun ouvre son portefeuille. D'un autre côté, même si tu es pauvre comme Job, n'est-il pas agréable de pouvoir payer, de lâcher quelque modeste morceau dans le vaste cratère de dettes que tu as envers tes parents, et que tu as contractées quand tu étais enfant ? Ils ne t'ont pas seulement nourri, ils t'ont logé, t'ont lavé et bichonné, t'ont acheté des vêtements, ont pris en charge ton éducation et accompli la majeure partie des fonctions qui ont façonné la conscience qui te permet en l'occurrence de te prononcer sur l'identité de celui qui va cracher au bassinet. Devant qui le serveur doit-il placer l'addition ? Près des parents, en signe de respect ? Près de l'enfant adulte, reconnaissant par là que les temps ont changé ? Ou, de manière plus diplomatique, entre les deux ?

En réalité, Bert Hellinger trouverait la question futile. La dette que nous avons envers nos parents ne peut jamais être acquittée, et c'est très bien ainsi, parce que cette possibilité menacerait d'invalider toute relation, tout commerce émotionnel entre les deux générations. Être débiteur, comme être créancier, signifie qu'un intérêt actif s'applique entre les deux parties et, une fois que la dette est réglée, l'intérêt est forcé de décroître ; éteindre une dette signifie clore le besoin de relation, exactement comme quand tu payes quelque emplette dans une boutique et te retrouves libre de t'en aller pour ne jamais revenir (on pourrait affirmer que toutes les relations répondent d'une certaine façon à une logique de débit et de créance – devoir une faveur à un ami ou l'inverse, par exemple). En ce sens, il vaut mieux ne pas essayer du tout de rembourser ses parents ; cela reviendrait presque à nier ou à pervertir le caractère générationnel de ce lien. Assurément, ils t'ont donné la vie et t'ont nourri, mais la meilleure forme de gratitude n'est pas le remboursement – c'est l'acceptation. Et si tu as des enfants un jour, tu rembourseras de toute façon tes parents en prenant soin de leurs petits-enfants et en portant à ton tour le flambeau de la vie. Laisse donc tes parents s'occuper de l'addition ; tu feras de même pour tes gosses en temps voulu.

VII

DÉCAMPER

On évoque souvent l'éducation singulière dont a bénéficié John Stuart Mill. Enfant de la révolution, dont l'esprit essaimait à travers cette Europe du XIXe siècle où il grandit, il fut, depuis l'âge le plus tendre, éduqué à domicile au rythme de la lecture d'Horace et d'Homère. À sept ans, il connaissait tout Hérodote par cœur. Sont-ce ces contraintes et cette discipline précoces qui firent de lui plus tard un champion de la liberté ? Est-ce d'avoir été cloîtré pendant toutes ces années avec les auteurs classiques qui a fait de lui le héraut des valeurs modernes ? Peut-être. Quelles que soient ses origines, *De la liberté*, le livre qui a fait l'essentiel de la gloire de Mill, met tout en œuvre pour promouvoir la liberté de l'individu : la liberté individuelle est ce qui fait que la vie vaut la peine d'être vécue, et la société devrait s'effacer pour la laisser respirer.

Si la poudre d'escampette avait un saint patron, alors Mill pourrait à juste titre être canonisé pour son éloge de l'émancipation. Quelle sorte d'icône ferait-il ? De toute évidence, elle ne ressemblerait en rien à celle du martyr conventionnel, figé dans la dévotion, mais présenterait un visage tout à la fois plus insouciant et plus maître de son destin. Il pourrait même être figuré par une absence, un dessin humoristique d'un bureau abandonné, peut-être, avec la porte qui tremble encore pour montrer avec quelle allégresse il est parti cavaler dans les collines que l'on aperçoit derrière ; et, sur le modèle de la ruse imaginée par George Costanza dans *Seinfeld*, qui laisse sa voiture dans le garage longue durée de l'entreprise, mais se faufile dehors de bonne heure pour attraper le train, Mill aurait laissé sa veste sur le dossier de la chaise, afin de faire croire à ses collègues que jamais il n'aurait décampé de façon si flagrante pour l'après-midi.

Mais pourquoi même laisser la veste ? Devoir faire semblant d'être au boulot, n'est-ce pas la preuve que tu es toujours esclave de ton travail plutôt que maître de ton destin ? Cela ne suggère-t-il pas que tu ne jouirais que d'une forme inférieure de liberté ? Si tu es aussi libre que tu le prétends, tu peux aussi bien te lever et sortir ; et si quelqu'un veut t'arrêter, il n'est que de lui faire comprendre la noblesse de ton action, de peur que tes collègues ne la prennent, par erreur, pour de la turpitude. Car, tant que tu ne nuis à personne, filer pour faire du lèche-vitrine, taper quelques balles sur la terre battue ou ébaucher un roman n'a rien de honteux. Au contraire : à oser ainsi mettre en pratique des préceptes sanctifiés par une figure aussi considérable que J.S. Mill, tu pourrais même t'attendre à de l'approbation. Si les autres appellent cela « mettre les bouts », laisse-les dire ; pour toi il s'agit moins de filer à l'anglaise que de plonger dans le froid courant de l'affirmation déterminée de soi.

« Tant que tu ne nuis à personne » : il y a donc un os. Vas-y, sois libre et trouve-toi toi-même, mais à condition de ne taper sur le système de personne : tel est le « principe de non-nuisance » ou « principe du tort » que Mill attacha comme un filin à cette montgolfière par ailleurs sans entraves de la liberté victorienne. La grande expédition qu'est la liberté humaine ne peut jamais rompre complètement les amarres ni décoller dans un looping de solipsisme et de plaisir solitaire, parce que les autres (quelle barbe !) doivent être pris en compte. On dirait un argument moralisateur, un résidu de prêchi-prêcha victorien que Mill aurait oublié de dissiper, mais c'est plus fondamental que cela, car la liberté individuelle ne fonctionne pas en réalité sans son corollaire, la notion de nuisance. Pourquoi ? Si la liberté est l'absence de contrainte, et si tu es le seul à en bénéficier, alors tout le monde doit s'effacer devant toi, pour débarrasser ton environnement de toute contrainte et libérer l'espace où tu pourras te déployer dans ta destinée ; ta liberté ayant pour conséquence la mise à l'écart du plus grand nombre, elle crée une autocratie où la liberté de l'un repose sur la servitude de tous. Aussi le principe de nuisance agit-il comme un disjoncteur, un mécanisme qui oblige la liberté de l'individu à être la liberté des individus – non pas esclavage de tous, mais liberté pour tous. En d'autres termes tu peux patiner sur la patinoire tout ton saoul – simplement ne renverse personne.

Pour celui qui décampe, cela semble malgré tout être un bon marché : si tu ne nuis à personne activement au bureau, tu peux filer la conscience tranquille… Est-ce aussi sûr que cela ? Sauf si tu as l'intention de restituer le salaire que tu continues à toucher quand tu t'en vas tranquillement dans ton bistrot favori ou bien de faire des heures sup' pour compenser, tu es en train de violer ton contrat de travail – pour n'être pas trop scrupuleux – et donc tu nuis à ton employeur. Même si c'est un boulot peinard et que personne n'est obligé de te couvrir, tu romps la promesse que le contrat a codifiée, donc d'une manière ou d'une autre, au plan financier ou symbolique, un tort sera commis. Tu ne fais rien de franchement illégal – parlons plutôt d'une petite indulgence ou d'une peccadille – mais à déguerpir de la sorte tu passes outre le principe consacré par Mill : dans son système, la nuisance peut résulter de la négligence autant que de l'action.

Sous cet angle, la liberté a l'air plutôt pénible. Maintenant que le principe de nuisance a surgi dans l'encadrement de la porte comme un policier dyspeptique pour réfréner ton enthousiasme, ce qui ressemblait d'abord, à travers le prisme de la liberté individuelle, à de vastes pâtures d'expression de soi se ratatine maintenant en une étroite arrière-cour. Décamper s'apparente soudain plus à un austère exercice de morale qu'à une partie de plaisir. Après tout, quand on commence à légiférer contre les conséquences involontaires de ses actions, où cela s'arrête-t-il ? Si certains cas de nuisance indirecte, comme le tabagisme passif, sont faciles à admettre, d'autres sont plus obscurs. Il est difficile aujourd'hui de s'acheter de nouvelles chaussures, par exemple, sans éprouver un pincement au cœur à l'idée qu'elles ont été produites par un travailleur sous-payé, mais à quel point sommes-nous exactement responsable ? Est-il concevable que chaque action singulière que tu accomplis dans ton propre intérêt ait un impact égal et opposé sur quelqu'un d'autre ? Si c'est le cas, ce poison qu'est le principe de nuisance suffit, quand tu as l'intention de filer pour l'après-midi, à t'arrêter dans ton élan.

Mais loin de vouloir en démordre, tu as au moins deux façons de sortir du corset où Mill voudrait enfermer la liberté. En réponse à cette idée que tu nuirais à ton employeur, par exemple, tu pourrais simplement répliquer que ton escapade constitue une forme de justice pour redresser le déséquilibre entre les sommes dégoûtantes amassées par les gros bonnets et les miettes qu'ils laissent tomber de leur table opulente à ton attention. Être payé pour sortir au milieu de l'après-midi manger une glace, aller à un rendez-vous galant ou à une matinée au théâtre, ce n'est, tout bien considéré, que justice.

La réponse plus subtile dit qu'on ne peut pas parler d'échange entre la liberté d'un homme et la nuisance d'un autre. Il n'est pas axiomatique que la somme des libertés individuelles fasse cent pour cent de la liberté disponible, car cela pourrait être dans l'unicité, et donc dans l'incommensurabilité de ces libertés que réside leur individualité. En d'autres termes, pour être vraiment libre et vraiment individuelle, chaque liberté sera infinie et n'aura pas besoin d'entrer en compétition avec d'autres pour avoir sa place sous la tente du bonheur. La liberté, ce n'est pas une *chose*, un objet qui a une extension dans l'espace, si bien que c'est une erreur que de la concevoir comme autre qu'intangible et subjective ; et parce qu'elle est subjective, la sphère de la liberté n'est pas le marché, mais l'esprit, un monde intérieur qui est probablement un millier de fois plus fertile que n'importe quoi d'autre sur cette bonne vieille Terre. Parce que la liberté d'un homme n'est pas la liberté d'un autre, la nuisance ne devrait pas pouvoir l'atteindre ; et là où deux libertés entrent en conflit, faisant apparaître le spectre de la nuisance, c'est que ni l'une ni l'autre n'était assez unique ou originale pour être considérée comme une liberté réelle.

En outre, il y une récompense plus haute. L'histoire ne s'arrête pas à la consommation du mariage de la liberté et de l'individualité : leur union doit servir un idéal de bonheur. Après tout, si la liberté individuelle conduit au malheur, quel en est l'intérêt ? Si à ficher le camp tu n'y gagnes qu'un profond malaise, pourquoi t'en donner la peine ? Si innovante qu'elle puisse être, la pensée de Mill à cet égard s'inscrit confortablement dans une tradition établie il y a deux millénaires de cela par Aristote et d'autres, qui se sont attachés à définir ce que pourrait être le bonheur – ce qu'Aristote appelait la vie bonne. Non que cela affaiblisse la position de Mill ; s'ils sont d'accord pour faire de la vie bonne une fin, Mill et Aristote sont en désaccord radical sur les moyens d'y parvenir. Car la dérégulation morale que prône Mill inclut, au-delà de la liberté de poursuivre le bonheur, le droit de juger si on l'a trouvé ; pour le dire simplement, un individu donné est le seul à pouvoir dire s'il est heureux. Cela ne paraît pas si problématique – c'est même plutôt la preuve d'un comportement adulte –, mais cela implique que tu peux toi-même créer les conditions de ton bonheur. Puisque tu es seul juge, tu peux mettre la barrière où tu veux ; en l'absence d'une définition objective du bonheur, rien ne te bride, et n'importe quelle vieille camelote peut servir de modèle. Il se peut que d'autres aient pitié de toi, à cause de ton irrépressible envie de décamper parce que tu es las de ton métier, mais que diable ! – tu as trouvé quelque bonheur éphémère qui te satisfait. Et l'on serait en droit de rétorquer que ce n'est pas une mauvaise chose. Si le bonheur est la frontière ultime de l'accomplissement, pourquoi ne pas l'attraper là où on le trouve ?

Mais Aristote aurait poussé des cris d'orfraie. Laissons de côté le risque patent d'autotromperie : ce n'est pas parce que l'on pense être heureux qu'on l'est nécessairement. Écartons également la possibilité que tu sois victime d'une véritable tromperie à la manière du personnage de Jim Carrey dans *The Truman Show* qui, alors qu'il est contrôlé à distance par des cadres qui font une émission télé de divertissement, s'imagine que son existence est l'expression même de la vie bonne. Ce qui est pour le moins étrange, c'est la façon dont Mill fait confiance à la capacité de l'individu de juger de son bonheur à mi parcours, alors qu'Aristote insistait sur le fait que la qualité d'une vie ne pouvait être évaluée que de façon posthume, une fois que l'on avait une vue d'ensemble de toute la trajectoire ; et si cette évaluation était posthume, elle ne pouvait être faite que par autrui. Comme la sainteté, l'état de « vie bonne » était quelque chose qui était donné et jamais pris, et cela uniquement avec le recul ; pour filer la métaphore cinématographique, la vie bonne ne se voit pas dans un unique cliché, il faut voir la totalité du film. Il suffit d'appliquer ce raisonnement à ta décision de déserter ton poste – quelques heures dérobées à ta journée de travail, dans lesquelles tu crois vivre la vie de Riley – pour comprendre en quoi un tel bonheur n'a que peu de valeur.

La théorie de Mill aurait laissé les Anciens fort dubitatifs, mais même un de ses successeurs, comme Émile Durkheim, nourrit là-dessus quelque doute. Pour Durkheim, la liberté individuelle était précisément ce qui pouvait miner le bonheur et même la santé mentale. De fait, l'individualité est perfide, pour la bonne raison qu'elle peut conduire à des excès d'introspection. Décamper, c'est donc risquer de mettre ton bien-être en péril. Si tu convenais avec ton patron de ton escapade, ce serait très différent, tu ferais quelque chose d'autorisé ; mais par définition vous ne vous êtes pas mis d'accord, donc ta décision de quitter les lieux, en tant que décision non officielle, est un acte qui, d'une certaine façon, te sépare de la société. Bien sûr, c'est justement ce caractère non officiel qui à la fois souligne la liberté et amplifie son frisson ; mais, comme pour l'accoutumance à la drogue, la première bouffée de liberté, enivrante, ouvre le chemin à la dépendance, et il se pourrait bien que cette échappée prenne rapidement la forme d'une errance à travers les rues à la recherche de hauteurs plus difficiles à atteindre. Cet infini que la liberté met à ta portée, naguère si grisant, peut aisément se transformer en paysage désolé, car ce genre d'aventure privée jusque dans les profondeurs de l'esprit se fait seul et sans compagnons de route. La « liberté », c'est non seulement le sommet de l'individualisme, mais aussi l'origine de la folie, et Durkheim fut prompt à repérer les effets secondaires que générait sur l'esprit un excès de solitude ; il alla jusqu'à suggérer que ce goût singulier était à la base de phénomènes aussi graves que le suicide, qui trop souvent représentait un surcroît de liberté individuelle aux dépens des normes sociales – la tendance à se faire du mal à soi-même étant comprise comme un symptôme d'aliénation. Pour l'individu en effet, la liberté implique une séparation par rapport aux autres qui, si elle est chez Mill la source de toute créativité, est pour certains de ses héritiers modernistes le puits de la solitude.

Quelle est donc la différence entre liberté et aliénation, entre décamper et décrocher ? Pour les durkheimiens, elle tient à un fil. Durkheim était convaincu que le manque d'énergie – autrement dit l'isolement moral – lié à l'aliénation ou ce qu'il préféra appeler « anomie » était le produit d'un défaut de conventions et du rejet de la société qui les instituait. Pour combattre cet état alarmant, le remède qu'il prônait correspond à celui de toute une école de pensée qui incarne, disons, l'école. Lire Durkheim, c'est comme lire un instituteur, un type sain qui a voué sa vie à l'éradication de l'école buissonnière et qui s'emploie à dresser le catalogue exhaustif de toutes les infractions – non par fanatisme de la discipline, mais plutôt pour mieux trouver les moyens de faire revenir dans le troupeau la brebis égarée. De façon peu surprenante, pour Durkheim, l'école et ses avatars sont la clé du problème – autant de lieux où la confrontation aux autres permet de promouvoir un sentiment d'appartenance mutuelle et d'établir un ensemble de règles claires visant à désamorcer les ambiguïtés et les angoisses générées par la liberté. Cela place Durkheim dans la catégorie des réformateurs sociaux, en compagnie de personnalités aussi différentes que Will Keith Kellogg, l'inventeur des corn-flakes, et Mies van der Rohe, le fondateur du Bauhaus, qui ont l'un et l'autre créé des institutions se donnant pour mission d'intégrer l'individu au sein d'un programme collectif où ses énergies pourraient être ordonnées rationnellement, et d'éviter la désintégration sociale. Sécher le boulot, comme faire l'école buissonnière, pourrait te faire croire à la perspective d'un délicieux voyage au cœur de ta liberté individuelle ; mais, vu que cela nuit gravement à la santé, tu ferais mieux de t'en remettre à des institutions sociales bien régulées, comme les écoles, les administrations et même les prisons, conçues pour conjurer le cauchemar d'une existence solitaire, anomique et sans but. En te privant de l'intimité de ta sphère privée, en vidant tes pensées intérieures sur la place publique, elles te sauvent de l'implosion ; et en démantelant la barrière entre toi et la société, elles t'intègrent dans un ensemble plus large et te retirent les occasions, et avec elles le désir, de ficher le camp.

Le modèle de Durkheim, aussi louable que rabat-joie, témoigne ainsi du plus grand mépris pour un des aspects essentiels de la fugue – sa magnifique absence de but. Même l'hymne de Mill à la liberté individuelle, aussi prometteur soit-il, implique une noble discipline en vue de la réalisation d'un but, ce qui menace de faire de la quête de la liberté une sorte de travail, de même que la notion de « recherche » du bonheur évoque une tâche qu'un rien pourrait contrecarrer et donc moins qu'heureuse. Comme d'autres plaisirs, la liberté peut devenir une corvée. Pourtant, ce qui donne tant de puissance à la décision de prendre ses cliques et ses claques et la rend si potentiellement subversive, c'est que nous pouvons la prendre sans aucun objectif ni dessein en tête. Après tout, si, désertant ton poste de travail, tu plantes là l'ensemble des objectifs qu'on t'a demandé de réaliser, la dernière chose que tu aies envie de faire, c'est de les remplacer par d'autres. Disons que tu t'esquives pour t'acheter un jean neuf ; tu t'es moins fixé un but que tu ne t'es construit un fantasme ; mais si, trois heures plus tard, tu quittes une énième boutique, fatigué et les mains vides, seulement pour entrer dans la boutique voisine sans plus aucun espoir, cette chimère sera passée du statut de fantasme à celui de course concrète, une corvée à peine moins éprouvante que de faire le classement qui te barbait tellement que tu as pris ton après-midi pour l'éviter. En d'autres termes, déguerpir est un art, qui nécessite de maintenir en vie l'esprit qui t'a d'abord mis au défi de prendre la tangente ; il faut pour cela recréer les conditions des jeux de l'enfance.

Plus facile à dire qu'à faire, bien sûr : déclarer qu'il existe un « art de la fugue » est à peu près aussi utile que de dire qu'il te faut « travailler à jouer » – ou, pour reprendre la formule de John Stuart Mill en personne : « ceux-là seuls sont heureux qui ont leur esprit rivé sur quelque objet autre que leur propre bonheur… » Plus le jeu devient conscient, moins il ressemble à un jeu, car le jeu n'est jamais que la suspension de la conscience de soi, le soulagement de ne plus devoir rendre de comptes au monde. Le plus curieux est que cet état de suspension se mêle, dans le jeu, à son opposé – l'absorption complète. Mieux, le premier est la condition du second. En faisant prendre congé du monde, le jeu permet de s'y engager plus profondément, comme le montre bien l'analogie avec le microscope : avec un œil fermé qui fait l'obscurité sur toute activité périphérique, tu glisses dans l'infiniment petit mais grossi, où tout fait sens dans ses propres termes, même si ces termes n'entretiennent qu'une mince relation avec le monde extérieur ; ta concentration est intense, sans que tu aies à faire d'effort pour cela, et la distinction entre toi et ce que tu observes commence à se dissoudre. Tes escapades devraient aspirer à la même qualité d'enchantement, et quand elles y parviennent, elles deviennent une des rares formes adultes du jeu.

En ce sens, ces après-midi où tu désertes ton poste, n'en déplaise à Durkheim, pourraient te faire du bien – comme le cadeau d'un moment magique, un poème au milieu de la prose de ton jour de labeur. Et pour Donald Winnicott, le psychanalyste anglais, de telles expériences sont fondamentales pour ta croissance en tant que personne. Le jeu, pour Winnicott, était une affaire sérieuse, une manière de négocier l'espace entre l'individu et le monde, et il étudia des quantités d'enfants en train de s'amuser avec des jouets qui représentaient à la fois leurs chimères intérieures et les réalités extérieures auxquelles ils apprenaient à se confronter. Par exemple, une petite fille utilisera une poupée pour représenter ses propres responsabilités croissantes – elle lui donne à manger ou change ses couches –, tout en faisant faire à cette même poupée une promenade magique et mystérieuse dans un landau miniature, sur un trajet qui aura une logique surréaliste bien à lui. La poupée devient ce que Winnicott appelle un « objet transitionnel » qui constitue, pour la petite fille, un canal entre imagination et réalité. Ce qui est essentiel au bon développement émotionnel, c'est de garder le juste milieu : être conscient de la réalité objective et de ses exigences, tout en permettant à la créativité personnelle d'avoir l'espace nécessaire pour s'exprimer. La fugue permet d'atteindre cet équilibre ; parce que tu t'évades des contraintes du travail, tu es trop conscient des règles que tu enfreins, et ainsi la fugue te ramène à tes obligations sociales, même si tu essayes de les oublier ; mais parce que tu t'échappes à l'intérieur de toi-même, elle est un moment d'exploration, qui te donne l'occasion de t'écarter des normes et d'inventer des possibilités auxquelles tu pourrais autrement, rivé que tu es à ton bureau, devenir insensible. Ne serait-ce qu'en rafraîchissant le répertoire d'images de ton esprit, cette échappée déverrouille ce moi joueur, enfantin, qui ressemble plus à l'aventurier que tu as toujours voulu être qu'à l'employé que tu es devenu.

Il y a aussi une dynamique plus subtile dans l'opération. Winnicott, comme Freud avant lui et Derrida par la suite, a été fasciné par ce jeu tout simple dans lequel un enfant prend une bobine et la fait rouler dans un sens et dans l'autre. Dans la littérature psychanalytique, ce jeu est connu sous le nom de « Fort-Da », ou « Ici-Là », terme qui fait écho à l'exclamation de l'enfant quand l'objet s'éloigne en se déroulant (« fort ! ») et revient (« da ! »). Cette littérature affirme que la bobine représente la mère de l'enfant (qui dans ce cas était la propre fille de Freud, d'où il appert que l'enfant était son petit-fils, Ernst). Le garçon mettait en scène le départ et le retour de sa mère, afin de faire face à des événements qui sont, dans l'univers d'un enfant, potentiellement cataclysmiques – car quand la mère sort, l'enfant ne peut concevoir son retour, et une insoutenable angoisse de séparation s'installe. Mais en reproduisant ce trauma potentiel, le mini-drame mis en scène par l'enfant peut l'apaiser. Comment ce jeu à la fois simple et complexe se rapporte-t-il à notre thématique de la fugue ?

Eh bien, il se pourrait que, quand tu décampes, tu joues à un jeu similaire, mais au lieu de penser à un parent, tu penses à ton patron, dont tu prends métaphoriquement la place. Tu mets en scène la liberté de ton patron telle que tu la perçois, sa propre capacité à déserter les lieux impunément pour de longs déjeuners, sa propre relation inattaquable avec l'entreprise qui lui permet d'arriver aussi tard qu'il le veut, ou bien de rester dehors au prétexte de quelque interminable réunion. En jouant le rôle de ton patron, tu te protèges contre lui, te plaçant dans une position inviolable qui neutralise tout trauma qui pourrait venir t'assaillir. Mais en même temps, parce que ce n'est jamais que *par rapport* à quelque chose que tu t'évades, tu es lié à ce que tu laisses derrière toi : tu marches sur une corde invisible qui te relie à ton travail, où le travail – et en particulier ce patron arrogant – a toute l'autorité d'un parent. La liberté de déguerpir est au mieux temporaire, au pire factice, parce que le cordon ombilical n'est jamais coupé ; tu n'as pas réellement quitté ton job, tu as juste simulé le sentiment de liberté, comme si tu étais libre. Tes départs illicites signifient que tu joues à t'éloigner (« fort ! ») tout en restant indéfectiblement lié (« da ! »).

Pour le dire autrement, l'abandon de ton poste de travail recèle un paradoxe dans lequel tu es tout à la fois le parent et l'enfant. Dans la mesure où tu prends ta propre liberté en main, tu es le parent, l'adulte prêt à courir des risques, à prendre une position et à gagner le respect d'un John Stuart Mill. Mais dans la mesure où tes désertions sont subreptices et dépendantes, elles font de toi un enfant qui a désespérément besoin de la structure que tu as brièvement abandonnée. C'est un paradoxe qui trouve son parallèle dans l'émotion que tu ressens sur le moment : d'un côté, celui qui s'en va s'infatue d'une si haute estime de soi qu'elle le convainc qu'il est trop important pour toutes les foutaises qui vont avec le fait d'être au travail ; de l'autre, l'autodénigrement te force à admettre que l'entreprise ne s'en portera pas plus mal si tu prends ton après-midi, ce qui prouve qu'après tout tu n'es guère important. En tant qu'activité, mettre les bouts sera toujours ambivalent, un étrange mélange de liberté et de contrainte. Cela dit, ce n'est pas aux heures supplémentaires passées à trier le courrier que tu repenseras sur ton lit de mort.

VIII

LE SHOPPING

Dans le centre de Dubaï, où la température moyenne atteint en journée 30 degrés, on peut aller skier sous un dôme de verre qui se trouve à l'intérieur d'une galerie marchande, entouré d'enseignes telles Adidas, Louis Vuitton ou Paul Smith. Équipée de téléphériques et plantée de conifères, la piste de ski couverte la plus improbable du monde accueille chaque jour des foules moites dans un hiver perpétuel, au milieu du creuset torride des dunes arabes, aussi miraculeux qu'une oasis dont l'eau a gelé comme un sorbet sous une coquille brûlante. Comme les mots eux-mêmes tâchent de nous le dire depuis des siècles, dessert et désert ne sont pas si éloignés.

Aussi impressionnant que soit le tour de force étant donné les températures dans ce pays du Golfe, tout ce que le dôme de neige a fait est de régler un cran plus bas l'atmosphère déjà conditionnée de la galerie marchande. L'apparition de neige sous le soleil ne fait que rendre plus flagrante encore l'artificialité dont l'endroit se targue depuis longtemps, et n'est donc pas une pure innovation, mais, littéralement, une affaire de degré. Car la galerie marchande fut conçue comme un défi lancé à la nature : ses concepteurs ont en effet choisi l'emplacement le moins hospitalier – pas d'approvisionnement en eau, pas de route, pas même de clientèle locale – pour mettre en œuvre leur projet. Une fois construite, cependant, la galerie marchande a prospéré. Ce qui signifie que la véritable innovation réside dans la mise en évidence d'une nouvelle loi de la psychologie, alors même que nous pensions avoir déjà tout ficelé : construis, et ils viendront. Dans le royaume musulman de Dubaï, c'est ce qui a fait venir Mahomet dans la montagne – une montagne avec de la vraie neige, celle-là.

À cet égard, la galerie marchande incarne l'esprit de la frontière : Dubaï est le jumeau de la Californie. Colonisant la nature sauvage, elle « a tout mis sous sa domination », pour citer l'« Anecdote de la jarre », la parabole poétique, renvoyant à un autre État américain, de Wallace Stevens :

> Dans le Tennessee, j'ai mis une jarre ;
> Comme elle était ronde sur sa colline.
> Elle faisait du désert débraillé
> Un cercle refermé sur la colline.

Remplace « jarre » par « galerie marchande » : quoique construite de verre et d'air, la matière immatérielle de la réflexion, la galerie marchande transforme le reste de l'univers en un cercle refermé sur elle. Elle étincelle au-dessus du « désert débraillé » qu'auront péniblement traversé ses clients, hypnotisés par ce qu'elle a à offrir. En dépit ou à cause de sa vacuité, la galerie marchande en forme de dôme, comme la jarre ronde, est remplie de rêves, et elles émettent l'une et l'autre des étincelles de lumière qui se cristallisent dans une image de l'avenir qui éblouit tout autour.

À d'autres égards, la galerie marchande est loin d'être vide. C'est un bazar, un souk, avec en stock des lignes de produits continuellement réapprovisionnées ; bourrée de marchandises, elle incarne l'esprit du capitalisme. N'allez pas croire cependant que la galerie marchande serait seulement une version nouvelle, améliorée, du marché, dans le sillage du bon vieux « supermarché » ou même de son grand frère, l'« hypermarché ». Tout entière dédiée à la célébration du marché au sens abstrait d'économie de marché, la galerie marchande méprise le marché au sens propre, rustique, avec denrées et étals et dont elle prend si magistralement la place. Outre l'échelle, trois aspects distinguent la galerie marchande de son humble prédécesseur :

1. Tu peux qualifier la galerie marchande d'« espace artificiel », et elle le prendra pour un compliment. Car la galerie marchande a redéfini le sens du terme « artificiel », en sorte que ce qualificatif n'a plus rien d'inférieur à « naturel », le naturel étant la valeur à laquelle le marché en ville adhère le plus. Ce qui est « artificiel » n'est plus l'imitation imparfaite de la nature ; car l'artificialité de la galerie marchande approche en réalité de la perfection, son environnement contrôlé n'étant pas seulement le paradis du consommateur, mais peut-être le ciel lui-même. Cet orgueil démesuré n'est-il pas voué à provoquer la colère de Dieu ? Se rendre à la galerie marchande, c'est justement dire qu'une telle chose n'a pas d'importance ; las d'attendre le ciel, nous avons pris les devants et l'avons construit de toutes pièces.

2. La galerie marchande regarde de haut le marché en ville non seulement par mépris pour ses manières provinciales, mais aussi parce que, là où le marché – installant ses

étals sur le forum, sur la place, le square où un petit peuple joyeux se rassemble pour commercer et plaisanter – encourage les échanges sous toutes ses formes, la galerie marchande fait fond sur une transaction dépersonnalisée. Les clients ont le droit de tendre leur carte de crédit au caissier qui leur administre un sourire semi-automatique, mais ils se gardent de se mêler les uns aux autres.

3. Le marché en ville a pour roi l'argent ; mais prends ce roi avec toi dans la galerie marchande, et il devient un lépreux que la galerie marchande accepte difficilement, car elle est bien incapable d'évaluer ou de comprendre ce monde où les marchandises et leur valeur étaient si directement liées. Dans la galerie marchande, la carte de crédit règne en maître, et elle impose un système économique très différent, dans lequel la valeur financière pompée sur la carte de crédit à la caisse devient presque superflue par rapport à sa valeur ajoutée, qui réside dans l'information divulguée par la carte au sujet de son détenteur. Si la carte de crédit est devenue l'instrument indispensable du shopping moderne, c'est parce qu'elle encode l'identité que tu échanges silencieusement contre ces chaussures neuves ; dans cette transaction, l'identité est devenue la matière première la plus inestimable de toutes. Comme une forme d'ADN, ta carte de crédit laisse des traces qui construisent un substitut de ta personnalité ; tandis que la saleté même de l'argent liquide est ce qui lui permet d'être blanchi, les traces malpropres qui renvoient à ton identité peuvent être effacées.

De même que les cartes de crédit constituent une évolution par rapport à l'argent liquide, le shopping marque un progrès par rapport à l'activité rudimentaire d'acheter : là où l'achat est réductible à un échange, le shopping se hisse au rang d'expérience. Mais comme d'autres verbes qui commencent leur vie comme substantif (cocooner, par exemple), le shopping, quoique basé sur le mot anglo-saxon, direct et sans ambiguïté, « shop », n'est jamais devenu assez transitif, jamais un verbe actif (en revanche « acheter » est arrivé bien avant le substantif correspondant – comme dans « cette voiture est un bon achat »). Je vous rappelle que vous pouvez toujours aller faire du shopping sans acheter, parce qu'à la différence de l'achat, qui est une affaire de besoin, le shopping est une affaire de désir : plus tu auras de sacs à ton retour chez toi, plus tu seras content, mais même si tu rentres avec le coffre de ta Toyota aussi vide que le jour où tu l'as achetée, tu peux encore dire que tu es allé faire du shopping – car tu t'es maintenu des heures durant dans un état de désir prolongé, et cela a son importance. Le shopping engourdit les sens, et quand tu montes les milliers d'escalators qui chenillent à travers les espaces de la galerie marchande, il est clair que tu t'en remets au pouvoir d'une vaste machine. La galerie marchande s'est tant et si bien imposée que c'est le client qui, depuis bien longtemps, s'est adapté à elle, ce qui signifie que plutôt que de réfléchir à ce dont il pourrait avoir besoin, il s'abandonne aux voix qui le bombardent de messages et lui vendent ce qu'il va vouloir. Dans la perspective de la galerie marchande, le consentement du client vaut presque autant que son envie de possession.

Les chercheurs ont analysé en long en large et en travers le sens de cette irréalité, ou hyper-réalité, ou de ce que l'on pourrait appeler le « mal du siècle[1] », propre au plaisir sous

1. En français dans le texte.

cloche de la galerie marchande. Moins discuté en revanche est ce qui le sous-tend, à savoir le crédit lui-même – non pas l'argent en tant que tel, mais la confiance et la croyance, les deux étant non seulement abstraits mais aussi garantis par le futur. « Crédit » vient du latin *credere*, « croire », car le crédit est la croyance que l'argent que tu empruntes te sera un jour restitué, une croyance qui a besoin du futur pour fonctionner. Après tout, une fois que le trafic piétonnier a annexé le désert, c'est le stock d'espace qui s'épuise, et il n'y a nulle part où aller sauf dans le temps, le seul disponible étant celui qui est à venir. Sans crédit, le shopping – par opposition à l'acte d'acheter – est inconcevable, car le shopping a toujours porté sur le futur, sur la vie meilleure qu'il accueillera et dont les gens du « désert débraillé » ont rêvé. À l'instar du ticket de stationnement et de la barrière du parking de la galerie marchande, report et croyance vont de pair : tu n'as pas encore payé ton ticket, mais la barrière se lève pour te laisser passer car elle sait que tu le feras en partant.

Ce report a des caractéristiques psychologiques aussi bien qu'économiques. La psyché fera n'importe quoi pour éviter la souffrance, et quand elle est confrontée à quelque chose d'aussi traumatique que la nécessité de payer, son réflexe est de différer – ce que Freud appelait la *Nachträglichkeit*, effet délayé ou après-coup. La carte de crédit et la psyché conspirent pour atténuer le choc du paiement en échelonnant les traites dans le temps. Mais on arrive toujours à un prix qui, sur le relevé de carte de crédit, est une accumulation d'intérêts, et il y a dans la psyché une accumulation de cette vérité niée, formant un sédiment appelé l'inconscient. Tôt ou tard, tous les deux reviendront te hanter – donc ne dis jamais que le plus jamais ça ne revient jamais. Pourtant si la douleur qu'il y a à payer ne peut être évitée pour toujours, à court terme son report peut provoquer quelque chose qui ressemble à du plaisir. C'est la première raison pour laquelle le shopping a une dimension thérapeutique : cela revient à prendre quelque chose de potentiellement pénible (débourser de l'argent) et à manipuler les termes de telle sorte que le fait que tu ne payes rien jusqu'à l'année suivante ôte toute pression immédiate. Ce qui implique paradoxalement que lorsqu'on est confronté à une douleur il vaut mieux la calmer temporairement plutôt que de continuer à la porter en soi. La seconde raison est que le shopping t'infantilise, parce qu'il fait tout à la fois reculer temporairement la réalité économique et met des cadeaux à ta disposition. Sur un plan psychanalytique, le shopping rejoue pour toi la scène dans laquelle ton papa et ta maman, tout en te protégeant contre les tempêtes financières qui encerclent la maison, s'installent près de la cheminée et te couvrent de cadeaux en gages de leur amour.

Comme le dit la pub, c'est parce que tu le vaux bien. Dans les produits dont tu fais l'acquisition, tu cherches un reflet de toi-même en tant que cet objet méritant, digne d'amour, ce qui donne à penser que ton véritable but est de créer une image positive de toi. Ainsi le shopping est-il une forme de narcissisme, un phénomène que l'on interprète souvent seulement sous l'angle de la « vanité », mais qui comporte d'autres aspects intéressants, qui s'appliquent à cette activité. Narcisse, bien sûr, était ce très beau jeune homme grec décrit par Ovide qui, se penchant un jour au-dessus d'une rivière où ondulaient « des eaux pures et argentées », tomba amoureux de son propre reflet ; et pour le psychanalyste Jacques Lacan, c'est le fait même de se refléter qui compte, autant que l'amour-propre. Lacan poursuit son analyse et détecte un moment charnière, une épiphanie dans ce moment où, dans la prime enfance, l'enfant regarde dans le miroir et se rend compte pour la première fois qu'il est un être entier. Jusqu'à cette révélation soudaine, l'enfant n'avait pas perçu sa propre unité, car il n'avait éprouvé que des sensations déconnectées, sans un moi centré pour les ancrer. C'est comme si, après des années passées à être assis en silence devant un défilé d'images télévisuelles, il trouvait la télécommande : le moi devient la console d'intégration, et il voit que tout converge en lui.

Mais ce gain substantiel a pour corollaire une perte significative, qui nous fait comprendre en quoi l'histoire de Narcisse n'est pas comique, mais tragique. Si Narcisse est tombé amoureux de lui-même, c'est à cause de la malédiction jetée sur lui par Écho, une nymphe qui répétait les mots de tout le monde. Pourquoi une malédiction ? Pour se venger, Écho voulait que Narcisse goûte à l'amertume de l'amour non réciproque dont elle avait souffert, et fit en sorte qu'à chaque fois qu'il s'approchait du bassin pour toucher le visage qui le fascinait tant, celui-ci se brisait en éclats d'eau : « Ah ! que d'ardents baisers il imprima sur cette onde trompeuse ! Combien de fois vainement il y plongea ses bras croyant saisir son image ! » En dehors du fait que le Narcisse d'Ovide ne se rend pas compte que c'est lui-même qu'il cherche à saisir, le texte décrit bien l'angoisse du développement postérieur au stade du miroir chez Lacan. Tu as maintenant une identité que tu peux voir, mais non pas toucher ; tu sais que tu es un moi entier parce que le miroir le dit, mais tu ne l'éprouves jamais complètement. Une fois que tu as sur le dos cette veste de créateur à la mode, l'image que tu as créée reste pour toi hors d'atteinte.

Tel est le prix que nous payons quand nous enfilons des habits dans la cabine d'essayage, avec ses miroirs amincissants et ses éclairages flatteurs, tous conçus pour réduire le fossé entre toi et ton image. Les magasins font tout ce qu'ils peuvent pour te donner l'impression, une fois de plus, que tu pourrais ne plus faire qu'un avec toi. Ils te refourguent tous les outils imaginables pour assembler une identité, précisément pour nier ce destin narcissique d'être séparé d'un moi que tu peux seulement voir et pour t'aider à te ressentir comme un tout cohérent dont tu pourrais de fait tirer un vain plaisir. Le magasin fait son possible pour t'accueillir à l'intérieur du miroir, pour triompher de la division entre les deux dimensions, pour faire en sorte que tu te sentes au mieux de toi-même tout le temps, si bien que ce « mieux » devienne la norme.

En fait, la galerie marchande prise dans son ensemble pourrait être interprétée comme une transfiguration de notre monde en un monde plus lumineux, de l'autre côté du miroir ; cette transfiguration prend une forme très concrète : transparence du bâtiment, toit de verre, hall d'entrée symbolisant l'atrium. Par le simple fait de protéger des aléas climatiques, de laisser entrer la lumière et de garantir une propreté parfaite, le hall rend les chalands qui déambulent aussi parfaits que les figurines qui les représentent dans l'atelier de l'architecte. Mais il n'en fut pas toujours ainsi : quoique les espaces vitrés des centres commerciaux actuels soient transparents au point de suggérer la perméabilité, sa version antérieure, plus classique – c'est-à-dire la vitrine – continuait à ériger une barrière contre laquelle on pouvait presser son nez (un geste qui, dans la galerie marchande, serait difficilement toléré). Quand les magasins étaient non pas hors de la ville mais à l'intérieur, et que le divorce avec leurs origines dans le marché n'était pas consommé, ils créaient une idée du moi très différente, que nul n'a su aussi bien saisir que Walter Benjamin, dans la fameuse figure du « flâneur » que ce grand esprit aussi voleur qu'une pie jacasse emprunta, entre autres, à Baudelaire. Qui est-il ?

Selon les termes de Benjamin, le flâneur est l'« observateur du marché », qui se balade sous ses arcades, en particulier celles de Paris – la « capitale du XIXe siècle » – et longe ses devantures. La paix tranquille de cette promenade est révélatrice du détachement du flâneur, de son autosatisfaction et de sa culpabilité, les trois ingrédients de la décadence. En cela, le flâneur est le bourgeois par excellence, imbu de sa propre suffisance ; bien que cela le rende politiquement suspect, Benjamin voit en lui, d'un point de vue philosophique, un être fascinant, le chaînon manquant entre le grand récit de l'histoire et les incidents de la vie quotidienne. La discontinuité de ses sensations quand il passe d'une vitrine à l'autre nous éclaire sur le monde moderne, la manière qui, plutôt que de décrire l'arc du temps, s'engouffre dans ses flaques, des moments brefs et brillants qui, comme dans une peinture de Monet, semblent au spectateur trop proches, incohérents, mais qui, de loin, forment un tableau. Ou bien ces moments ne s'intègrent pas du tout, même à distance, et n'entretiennent, à la manière d'un Miró, qu'une relation au mieux enfouie les uns aux autres. Cette esthétique nous amène à réfléchir sur ce qu'est un reflet : à la différence de la surpénétration du poseur postmoderne dans le miroir de la galerie marchande, le flâneur a affaire à une vitrine quasi opaque dans laquelle son image se confond avec les articles exposés à l'intérieur, son visage flottant de façon morbide à une longueur focale indéfinie. Le moi est encore plus fuyant qu'il ne l'était pour Narcisse : la surface réfléchissante de la vitrine, à la différence de l'eau argentée de l'étang, ne peut produire une image suffisamment fiable des choses – du moi – que tu es supposé vouloir. Ce brouillage réflexif a pour effet, au demeurant fort utile, de limiter le désir de possession et d'émousser les griffes de l'avidité ; peut-être, si tu as souci du salut de ton âme, bifurqueras-tu vers la grande rue, renonçant à la galerie marchande.

Si tu as du mal à te voir dans la vitrine, c'est aussi parce que, à être dans la rue où passent des gosses et leur mère, cabas au bras, plutôt que sous le vaste auvent hygiénique de la galerie marchande, le verre de la vitrine en est tout souillé. Le terme de « lèche-vitrine » évoque en effet d'une façon merveilleusement obscène les traînées laissées sur les devantures par le chaland à l'ancienne. Sans vouloir verser dans le nostalgique, ce fut une époque où la relation avec les magasins avait quelque chose de tactile – à défaut d'utiliser la langue, on utilisait les mains ; mais cette époque où l'on palpait le fruit et où l'on caressait le vêtement avant de sortir son porte-monnaie a été supplantée par celle du « on ne touche qu'avec les yeux » et des vendeurs qui se précipitent pour replier le pull que tu as eu l'audace de déranger sur son étagère. Aujourd'hui tu peux réellement aller faire du shopping et te contenter de regarder – car ce sont les yeux qui comptent avant tout.

Une chose avant de conclure : les horaires d'ouverture. L'autre différence entre la boutique à l'ancienne, qui éveille la curiosité, et la galerie marchande des temps modernes, qui la contrôle et la canalise, est que la boutique est ouverte pendant une période plus courte et clairement définie. La galerie marchande, à l'inverse, pourrait bien être ouverte au commerce 24 heures sur 24, ce qui signifie que non seulement elle a trouvé un nouveau moyen de défier les lois de la nature, mais qu'elle a quasiment pris sa place dans le cyberespace. Une des raisons qui motivent le choix d'une implantation à l'écart de tout lieu habité est l'ambition de rompre complètement avec le paysage physique. Une fois la galerie marchande déconnectée de l'espace, elle se détache aussi du temps : il y a tellement de temps disponible que la notion de temps disparaît, et par là l'expérience physique d'aller à la galerie marchande diffère à peine d'une connexion. En d'autres termes, plutôt que de concurrencer l'Internet, la galerie marchande en reproduit le mode de fonctionnement, dès lors que, pour assister le client, les vendeurs du magasin consultent le site web de la compagnie. De plus, en ce qu'elle se règle sur un fuseau horaire universel, la galerie marchande s'apparente en tous points au salon d'aéroport. Il y a une telle dérégulation du rythme du jour que tu peux prendre un petit déjeuner à n'importe quelle heure et acheter des perles à minuit. Et de la même façon qu'elle dérégule le jour, la galerie marchande s'affranchit des saisons, si bien que, même au plus chaud de l'été, tu peux chausser tes skis et t'offrir une belle descente sur la poudreuse.

IX

RÉSERVER SES VACANCES

Les vacances, parce qu'elles sont un antidote à l'austérité du quotidien, devraient viser le luxe – l'opulence contre l'oppression, le spa contre le spartiate. Il n'est pas de proposition de vacances qui ne porte en elle une foule d'images séduisantes : plage « préservée », mer « turquoise », hôtel « à l'écart », baie « tranquille »… auxquelles il faut ajouter, pour les plus énergiques d'entre nous, le frisson d'une excursion au village et le plaisir de la « couleur locale ». Et même si ladite couleur locale prend souvent la forme de restaurants infestés de cafards, de mioches aux pieds nus refilant de la camelote aux touristes ou de boîtes à drague ouvertes à la chasse à la viande fraîche sur des routes pleines de nids-de-poule qui se terminent devant un transformateur électrique, le fantasme tient bon. Les vacances, c'est le nirvana.

La force même de nos fantasmes de vacances vient de ce que leur charme est en grande partie linguistique. Si nous détournons nos yeux du mendiant qui agite ses moignons pour nous « perdre » dans les « antiques » allées de ce marché aux épices tellement « exotique », c'est entre autres parce que les brochures des agences de voyage se retiennent de parler de ce qui est déplaisant. À peine arrivés sur place, nous partons en quête de la réalité promise par la brochure ; lorsque par hasard langage et réalité coïncident – la « plage de sable fin » se traduit par une douce matière spongieuse sous nos semelles –, la joie éclate. Nous voyons ce que les annonces nous ont préparés à voir, et nous nous empressons de reproduire cette vision en décrivant dans nos cartes postales ce sable fin et poudreux, en photographiant le palmier sur fond de coucher du soleil, ou en rapportant à la maison le tissu de soie indigo décrit par le guide. Et donc l'ensemble boucle la boucle en un cercle vicieux qui se perpétue lui-même. Les vacances ont une dimension linguistique autant que géographique, et c'est du langage qu'elles tirent la plus grande part de leur luxe. Le lexique bien rôdé du voyage se pose tel un écran devant toute réalité qui pourrait le contredire, nous protégeant comme un guide protège son troupeau de touristes des incursions déplaisantes du réel ; et le luxe n'est jamais que l'exonération de la réalité, un sédatif qui, loin de délivrer l'« expérience » promise, fait son possible pour abrutir les sens. Mais pas besoin de battre ta coulpe : tu as bossé dur, tu mérites une coupure. Pourquoi ne pas chausser tes lunettes de soleil à verres roses pour une semaine ou deux ?

Si le flou artistique d'une telle imagerie nous aide à ignorer à la fois les tensions de la vie à la maison et les réalités qui se pressent à l'entrée de notre hôtel – autrement dit le lieu où nous étions et celui où nous sommes –, il suggère que ce que nous achetons quand nous réservons un voyage, c'est l'occasion d'oublier, et que le forfait voyage que nous achetons est une pilule à avaler. Mais comment concilier cela avec le fait que nous partons aussi en voyage non pour vivre de grandes expériences mais au moins pour constituer un stock de souvenirs – c'est-à-dire des souvenirs qui aient du sens plutôt que de simples bibelots sans valeur ? Comment les vacances réussissent-elles à marier l'oubli et la remémoration de façon aussi évidente qu'elles conjuguent le sable et la mer ? Eh bien, si, pour emprunter une métaphore familière à la pensée grecque, ton esprit ressemble à une maison, alors prendre des vacances, c'est échanger tes meubles contre un ensemble de marchandises étrangères. Pour quinze jours bénis, ton décor familier est emballé et largué, et une fois loin des yeux il est loin du cœur ; on te livre à la place une cargaison de sensations et d'artéfacts étrangers. D'où cette question légitime : puisque les vacances sont souvent synonymes de sommeil ou de relâchement généralisé de l'esprit, comment se fait-il que la mémoire puisse seulement garder trace de ces affaires étrangères ? C'est que rien n'est plus susceptible de mettre en route le moteur de la mémoire qu'une série d'images inédites, un changement de décor. Car la mémoire tend à préférer la différence à la monotonie ; elle est à l'affût des discontinuités, des ruptures, des changements. Comment sinon te rappellerais-tu, du fond de ta lointaine enfance, tes vingt jours de vacances d'été de façon plus vive que les deux cents heures passées à l'école ? L'interruption des vacances donne aux images un éclat sans pareil, et la mémoire se construit sur ces bouleversements, car par sa nature même elle grandit non pas à la surface, mais dans les fissures entre les pavés ; quand ta vie est ennuyeuse, ta mémoire relâche son attention, comme si elle était elle-même assise dans une sorte de salle de classe en face de ta propre vie. Ainsi, tandis que tu t'assoupis dans ton hamac, bercé par le susurrement de la brise marine, que tu flânes à la nuit tombante le long de ruelles où des grands-mères sont assises sur leurs chaises, ou que tu te ressers un verre de retsina, la demeure intérieure de ta mémoire se peuple de portraits riches et étranges qui ont plus de chances de subsister, en dépit de leur caractère éphémère, une fois les vacances terminées.

Au sein de ce curieux mélange de souvenir et d'oubli que sont les vacances, il est une pensée qui presque toujours fait surface : ce n'est pas, en fin de compte, dans le luxe que les vacances trouvent leur raison d'être, mais dans l'austérité. Le terme anglais le montre bien : le jour de vacances est d'abord un « jour saint » (*holy day*), une période pendant laquelle le fidèle, soumis au regard omnipotent de Dieu, doit faire preuve d'abnégation. Et pourquoi l'abnégation est-elle nécessaire ? La prise en compte du corps qu'encourage le luxe conduit à une déconsidération équivalente de l'âme, et il vaut mieux considérer le luxe comme une menace qui pèse sur la santé morale et s'en abstenir ; de manière concrète, les activités complaisantes que le luxe implique – manger, boire, s'amuser – diminuent la capacité de se concentrer sur des objets plus élevés.

Par-delà le lien substantiel et ontologique entre vacances et austérité, la véritable origine des vacances remonte à une réalité antérieure, le Seigneur en personne se donnant une récréation, le sabbat. Parce que le travail est synonyme de vertu, on pourrait penser qu'il y aurait quelque paresse à ne pas travailler. C'est en fait le contraire : il y a de la sainteté dans le repos. Pourquoi ? Seul le repos ménage du temps à la contemplation, et la contemplation a été depuis longtemps considérée comme la route royale vers le Tout-Puissant, celui qui a institué cette première interruption du rythme laborieux. Il est difficile de donner à Dieu ce qui lui est dû lorsqu'on est entraîné par les affaires de la vie quotidienne. Et parce que les vacances, ce sabbat de l'âme, sont à la fois l'occasion de réfléchir à Dieu et d'imiter son propre congé sabbatique, cela vaut reproduction, dans la vie finie de l'individu, de la vie infinie de la divinité, selon l'expression de Coleridge. En bref, les vacances sont sublimes.

Le problème est qu'une fois le travail mis de côté, le jour ainsi ménagé pour la sainteté prend la forme vide des vacances pendant lesquelles les distractions plaisantes le disputent aux observances sacrées ; le chemin vers le Tout-Puissant est étroit, entre d'un côté la vertu et de l'autre le vice. Cette ambivalence s'inscrit dans les fibres même du terme de « vacances » qui, bien plus neutre que « *holiday* » (à la limite, il veut même dire neutralité), refuse de te dicter la bonne manière d'utiliser tes congés ; si bien que tandis qu'un « *holiday* » te libère du travail mais renvoie au moins aux vestiges de l'obligation religieuse, les vacances proclament la saison ouverte.

Ces deux pôles que sont la pénitence et le plaisir se sont en fait rencontrés dans la pratique ancestrale du pèlerinage. Faisant de l'ascétisme un nouvel idéal, le pèlerinage devait donner forme à ce que saint Jean de la Croix, mystique espagnol du XVIe siècle, appelait la « sombre nuit de l'âme », expédition hardie dans les territoires les plus délabrés de la psyché, traversée des vallées mortelles qui rident le cœur, pour atteindre le lieu de la vérité révélée. Ce drame intérieur prend l'apparence du chemin de croix lors duquel le Christ, marchant à sa mort, portait à travers les rues l'instrument de torture sur lequel il allait être cloué. Cette scène d'hystérie de la tradition chrétienne a des parallèles, naturellement – dans l'islam, la convergence frénétique vers La Mecque, dans le judaïsme la fièvre de balancements zélés devant le Mur des lamentations de Jérusalem – et tandis que toute cette intensité passionnée achète au pèlerin un petit bout de paradis, elle ne peut tout à fait empêcher le pèlerinage d'avoir quelques traits d'une aventure bien terrestre. Le but est on ne peut plus solennel, mais vu que, très concrètement, le pèlerinage est un voyage, une plongée dans l'inconnu, il en résulte une confusion malicieuse. C'est peu surprenant, en réalité : tu es loin de ton travail, loin de chez toi, et obligé de croiser sur ton chemin toutes sortes de distractions mondaines, ou plutôt de tentations. C'est le caractère inéluctable de cet écart par rapport au droit chemin qui incita Chaucer à écrire un pastiche de pèlerinage, les *Canterbury Tales* (*Les Contes de Cantorbéry*), traité comique sur la façon dont ce qui doit monter doit descendre, dont la Haute Église rencontre la vie basse, dont la Vulgate (traduction de la Bible en latin en usage à l'époque) devient vulgaire. La belle équipe de pèlerins qui se rassemble à Londres pour chevaucher de conserve vers le Kent où ils doivent rendre hommage aux ossements de Thomas Becket ne peut s'empêcher de prendre du bon temps tout au long de la route. Plusieurs siècles avant le tourisme de masse, qui a pris son essor au XXe siècle, le pèlerinage a largement contribué à la contamination du sacré par le profane, qui continue à guider tes propres choix, quand tu passes en revue les possibilités d'évasion, tergiversant sur ce à quoi tu donneras la première place – ce qui est plaisant ou ce qui est juste.

Malgré ces ambiguïtés inhérentes à l'organisation du pèlerinage, son but – non pas le terme spirituel, mais la destination géographique – reste clair, et si chaque année des milliers de gens affluent à Cantorbéry ou à Saint-

Jacques de Compostelle, c'est pour une bonne raison : l'endroit est particulier. Qu'importe que les lieux de pèlerinage soient conçus comme des tribunes pour communiquer avec le divin, leur localisation même rend spécial en soi le lieu physique qui les accueille, et c'est surtout en cela que les vacances ont à voir avec le pèlerinage. Comme le note Walter Benjamin – notre flâneur du précédent chapitre –, plus une chose peut être reproduite, plus son aura décline, ce qui ne peut que jouer en faveur de tel ou tel lieu. Car un lieu est d'abord défini par sa localisation même, d'où l'impossibilité absolue de le reproduire : le reproduire quelque part ailleurs, c'est le déplacer et donc lui retirer son identité première ; c'est en cela que le lieu, plus que tout autre chose, peut se construire une aura qui lui est propre. Ainsi tous les lieux ont-ils une aura, mais certains de manière plus nette que d'autres : comparée à la banlieue de Cracovie, sa cathédrale a quelque chose de spécial. L'exemple pourrait paraître choisi au hasard, mais il faut reconnaître que les lieux les plus spéciaux font tous partie d'un canon plus ou moins reconnu qui pourrait inclure le pic d'Adam, où le premier homme posa le pied sur terre ; le mont Ararat, où l'arche de Noé s'échoua après le déluge ; la sage assemblée de monolithes à Stonehenge ; ou bien la force tranquille d'Angkor Vat. Ces lieux, qu'il serait impossible de remplacer, semblent avoir un génie – on parle de « génie du lieu » – un esprit qui transcende leur singularité topographique. Mais n'est-ce pas pour la simple raison qu'ils sont sacrés ? Assurément. Pour autant, un lieu peut gagner sa place dans ce club sans avoir été sanctifié, grâce à la maestria avec laquelle les vacances ont recyclé ce legs, en désignant des destinations infra-sacrées et en leur conférant un statut hyper-spécial, donc une aura, qu'on le veuille ou non. Peut-être qu'à première vue, l'Everest est devenu un chemin de traverse m'as-tu-vu pour sportifs machos, la petite Sirène de Copenhague une bouée de sauvetage à moitié déshabillée, les escaliers d'Odessa un raccourci fastidieux pour aller à la plage, mais tous irradient une force particulière ; ils se sont dotés d'un magnétisme mystérieux.

En dehors du sacré, en quoi cette aura consiste-t-elle donc ? Qu'y a-t-il dans les destinations de vacances qui mette à ce point l'eau à la bouche ? Définir, c'est démolir, mais trois ingrédients sont indispensables. D'abord et avant tout, une telle destination est la réalisation anticipée d'une pensée : quand nous le visitons, le lieu *devient vrai*, et il y a de la magie là-dedans. Deuxièmement, puisque nous avons dépensé de l'argent et des efforts pour ce voyage, nous allons tout faire pour avoir un bon retour sur investissement, si bien que ce qui émane du monument devant lequel nous nous émerveillons est en partie ce que nous projetons sur lui. Troisièmement, une destination devient spéciale parce que des gens continuent à s'y rendre parce qu'elle a été qualifiée de spéciale par d'autres gens qui y sont allés parce que d'autres gens leur avaient dit qu'elle était spéciale et cela à l'infini. Enfin, comme si tout cela ne suffisait pas, il y a encore le pouvoir négatif qui s'attache à de telles destinations : les voir est une grande chose, mais ne pas les voir crée un manque dans ton expérience existentielle, un plaisir qui doit être expié presque comme une douleur. Ce sont des lieux qui ne sont pas seulement « sympas à faire » mais qui « doivent l'être » : sans cette visite la vie elle-même est supposée être plus pauvre et vécue seulement à moitié – *Vedere Napoli e poi morire* : voir Naples et mourir.

Il suffit de penser à l'effet Las Vegas, pour apporter à cette démonstration un correctif violent. Car si l'on peut tirer une leçon de Las Vegas, c'est bien qu'il est possible de dupliquer des lieux comme on duplique des objets et de kidnapper leur aura aussi rapidement que des âmes. Comme dans les films produits en Californie, la néopole du Nevada a fidèlement reproduit « Venise » et « New York », quasiment à l'échelle réelle ; elle les a même améliorées, dans la mesure où seuls les meilleurs morceaux sont retenus, avec assainissement de tout ce qui y est déplaisant. À cet égard, ces répliques deviennent ce que Jean Baudrillard, le philosophe français postmoderniste, appelle un « simulacre » : ce qui était censé être une copie devient effectivement plus original que l'original et donc perturbe notre perception de ce qui réel et de ce qui ne l'est pas (et l'on peut penser à des lieux comme Magaluf, à Majorque, colonisée par des touristes britanniques dans des proportions telles qu'elle est plus *british* que n'importe quoi en Grande-Bretagne). Il s'ensuit nécessairement que le voyageur qui ira voir Venise après avoir vu « Venise » sera déçu, la copie ayant démembré l'original et l'ayant dépassé. Admettons que tu veuilles résister à cette conséquence inéluctable, en te disant, par exemple, que si c'est cela le postmodernisme, tu préfères encore le rejeter comme une nouvelle évolution malheureuse ; pourtant ce processus artificiel de recréation, que Las Vegas porte à son paroxysme, n'est pas si moderne après tout. Tout a commencé il y a bien longtemps, en fait dès que l'on s'est mis à fabriquer des reproductions iconographiques des endroits remarquables. Oui, Las Vegas l'a peut-être fait en 3D, mais des versions en 2D circulent depuis des centaines, voire des milliers d'années. Les gravures de Rome par Piranèse en sont probablement l'exemple le plus célèbre. Ce sont elles qui ont poussé toute une génération de jeunes gens à entreprendre le « Grand Tour », ce voyage jusqu'au berceau de la civilisation. Les restitutions visuelles de Piranèse, presque gothiques, du Colisée, du mausolée de Cæcilia Metella et des ruines du forum étaient si impressionnantes que les touristes ne pouvaient pas manquer, à leur arrivée, de se sentir déçus. Peut-être auraient-ils mieux fait de rester chez eux.

Mais l'on peut aussi bien être en vacances sans s'éloigner de chez soi. Je ne parle pas de la mode de la « staycation », mais du phénomène du congé permanent, tel que développé par Jacques Derrida, lui-même un universitaire connu pour son goût du voyage : il n'est que de rester loin de soi-même. Derrida élabore cette thématique dans *La Carte postale*, livre qui décline une série de cartes postales imaginaires sur des notions philosophiques. On y trouve l'affirmation que le sentiment d'exister naît en nous de ce que nous nous envoyons des messages à nous-même, par exemple en nous écoutant parler. Le problème est que le message peut être déformé. Ou bien, à l'instar du message que tu pourrais envoyer à quelqu'un sur une carte postale, celui que tu t'envoies à toi-même, qui est de même nature, court le même risque d'être perdu ou volé pendant le transport. Pourquoi donc ? Eh bien, si les messages n'étaient pas susceptibles d'être détournés, il serait purement et simplement impossible de les envoyer – sinon, comment seraient-ils jamais libres de se détacher de toi et de suivre leur petit bonhomme de chemin ? Il n'existe qu'un moyen assuré de garantir que ton message arrivera à bon port : se cramponner à lui ; mais à moins de le laisser partir, il ne pourra jamais être reçu. Donc avant qu'il te revienne, il faut un intervalle de temps, avec le danger que le message que tu t'auto-adresses soit dérobé ou simplement disparaisse : il y a là un fossé entre toi et toi-même. Admettons que le message revienne entier à domicile, il aura été exposé à cette différence qui provoque comme une fêlure tout au fond de toi. En bref, tu es toujours en vacances de toi-même, obligé de t'écrire à toi-même des cartes postales qui peuvent aussi bien être délivrées que ne pas l'être.

Et si, même sans bouger de ta maison et de ton fauteuil, tu habites donc deux fuseaux horaires, cela pose la question du voyage à travers le temps – probablement la forme suprême du voyage. Je ne veux pas dire que nous ne continuerons pas à repousser les limites du voyage dans l'espace – et nous le ferons le plus littéralement qui soit, puisqu'on a mis en vente depuis belle lurette des tickets pour des voyages spatiaux –, mais plutôt que le Saint-Graal des destinations de vacances ne se situe nulle part dans la galaxie, mais dans un temps autre. Naturellement, nous possédons déjà, grâce à cette faculté qu'est la mémoire, le cadeau du voyage dans le temps, dès lors que la simple bouffée d'un certain parfum peut nous rapporter à un moment spécifique de notre jeunesse – à la manière de Proust qui, dans ce chef-d'œuvre de concision qu'est *À la recherche du temps perdu*, a tiré d'une seule bouchée de madeleine un million de mots de souvenirs. Mais le voyage dans le temps à proprement parler reste la frontière ultime. Est-ce dans ce but que tu remplis ta tirelire ?

Peut-être. Mais malgré tout le merveilleux qui s'y associe, il se pourrait bien que le voyage à travers le temps ne soit pas si différent des vacances classiques. Quand tu voyages dans le temps, tu n'es jamais un spectateur innocent ; il est toujours possible que tu bouleverses le passé ou le futur exactement comme le vacancier a une incidence, même infime, sur sa destination de vacances. Sans nécessairement tomber d'accord avec ces théoriciens de la culture qui définissent le tourisme comme la toute dernière forme de domination coloniale, une expression retorse de l'empire, tu reconnaîtras sans peine que ta présence à l'étranger n'est pas sans effet. Depuis les premiers mots que tu échanges avec le chauffeur de taxi à l'aéroport jusqu'à ce que tu laisses dans la salle de bains de l'hôtel à l'attention de la femme de chambre, tu produis un effet, même faible, sur ton lieu de villégiature. Et pourtant, parce que nous avons tous besoin de nous échapper de notre quotidien, nous n'envisagerons jamais de renoncer à nos vacances, et il nous appartient alors de renverser la perspective. Si tu veux être un touriste responsable et ne pas te sentir coupable d'exploiter les autochtones ou d'utiliser tout ce kérosène, il te reste à pratiquer l'hospitalité – quand les touristes des quatre coins du globe affluent dans ton pays, traite-les bien. Si ce que tu cherches quand tu choisis des vacances est, en partie, l'accueil chaleureux des autochtones, le mieux que tu puisses faire est de leur rendre la pareille.

Quoi qu'il en soit, l'important est que tu n'es jamais « ailleurs » – où que tu sois, tu es toujours ici. Et si tu es toujours ici, il se peut que les vacances ne soient pas cette évasion que te promettent les catalogues de voyage. Si tu es en train d'essayer d'« échapper à tout cela », il vaudrait peut-être la peine de te demander à quoi tu essayes d'échapper. Si c'est ta maison que tu as envie de quitter, alors au lieu de penser autant à tes vacances, qui durent seulement une petite période de l'année, cet effort serait mieux investi dans le fait de rendre ta maison idéale. Par ailleurs, si tu pars en vacances pour te « trouver toi-même », n'est-il pas plus simple – et moins cher – de te trouver dans ton propre jardin ? C'est ce que sous-entend Ralph Waldo Emerson : « Nous avons beau faire le tour du monde à la recherche de la beauté, si nous ne l'avons pas apportée avec nous, nous ne la trouverons jamais. »

X

LA SALLE DE GYM

Quand tu es à LA, vis en Los Angelien : prends ta voiture et va à la salle de gym. Il est évident que, si tu ne prenais pas la voiture, mais que tu marchais à pied – ou mieux, que tu courais –, tu n'aurais plus besoin de te rendre au club de sport et tu gagnerais du même coup du temps, de l'essence et le prix de l'inscription ; mais ce n'est pas assez évident – ou convaincant – pour détourner des milliers de Californiens d'agir de la sorte. Parce que ces citoyens ne vont nulle part sans voiture, ils sont forcés de compenser leur existence sédentaire par un surcroît d'effort pour avoir un rythme cardiaque supérieur à soixante pulsations par minute. La voiture qui emmène ses passagers à la salle de gym a donc pour fonction complexe de les sauver de l'inertie physique à laquelle elle les a condamnés.

De même que le travail de bureau, le shopping par Internet ou la télévision, les voitures contribuent à visser la vie moderne sur son *derrière* et la salle de gym a été conçue, tel un poumon d'acier, pour suppléer le manque d'exercice qui en résulte. Mais il ne s'ensuit pas que la salle de gym soit la seule réponse. Même si faire un jogging dans ton quartier te met mal à l'aise, faire des pompes sur le tapis de ta chambre te paraît absurde et serrer les fesses en rythme à ton bureau te rend suspect aux yeux de tes collègues, il existe, en dehors de ces activités individuelles, des tas de jeux d'équipe, comme le football et le volley-ball, qui ont un profil nettement moins excentrique et permettent de faire palpiter ton cœur et d'empourprer tes joues, de manière parfaitement acceptable dans notre société policée. Les alternatives aérobiques abondent, mais des salles de gym ne cessent de s'ouvrir partout dans le monde. Pourquoi ?

Autogestion, en partie. D'une part, les jeux d'équipe demandent de l'organisation, là où le sport en salle est une affaire individuelle, placée sous ton contrôle exclusif, une activité de la semaine que tu vas combiner avec d'autres activités – voir des amis, aller au cinéma ou bien faire tes courses. Si le jeu d'équipe demande de l'organisation, c'est parce qu'une équipe a besoin de personnes, et si les équipes ont besoin de personnes, les personnes ont besoin d'espace ; pour trouver de l'espace, il faut généralement aller dehors, et dehors il y a les aléas du climat. À son niveau le plus élémentaire, la salle de gym offre tous les avantages du sport sans l'inconvénient de la pluie, du vent ou d'un soleil trop violent. Même si la formule « sport d'intérieur » est en soi contradictoire – en fait, le sport devrait être inséparable du grand air et nous raccorder à l'époque où, pour l'espèce humaine, l'exercice n'était pas un supplément au choix –, le caractère immuable de la salle de gym, qu'il neige ou qu'il vente, est un de ses traits les plus fondamentaux, parce qu'en abolissant les hasards de la météo, elle prend acte de ce désir de contrôle personnel et le rend possible. Ce faisant, la salle de gym renverse les rôles de l'homme et de la nature ; quand tu trottes dans les champs, la nature est plus grande que toi ; quand tu piétines un tapis roulant, elle se ratatine pour devenir un créneau dans ton agenda. La grandeur de la vie, saucissonnée, a été réduite à un moment d'existence, et ce n'est pas si mal. Sans ignorer d'autres avantages qui entrent aussi en ligne de compte – comme le fait de courir sans avoir à contourner les piétons et les détritus –, ces deux propriétés, mises bout à bout – que tu peux le faire seul et par tous les temps – signifie qu'il est largement possible de caser la fréquentation de la salle de gym dans tes impératifs d'existence et, dans un monde qui te bouscule sans cesse, c'est un cadeau à ne pas dédaigner.

L'individualisme inhérent à la fréquentation de la salle de gym est sanctionné par l'expérience elle-même. Cet espace prétendument démocratique, rarement assez « exclusif » pour éconduire un potentiel client, présente cependant un environnement protégé, conçu pour produire chez ses visiteurs plus d'intériorité que d'extériorité ; sans doute exhibes-tu ton corps, sans doute as-tu le devoir d'avoir chaud et de suer – deux forces d'externalisation – mais il n'empêche : l'état d'esprit de la salle de gym est plus introverti qu'extraverti. Car en combinant effort et concentration et, dans le vestiaire, ablution et exhibition, la salle de gym oblige à prendre sur soi et à se corseter, à définir les frontières du soi et à s'y tenir strictement, à l'inverse de l'indolence à laquelle on s'abandonne volontiers quand on va traîner aux puces ou qu'on feuillette *Vogue* : une fois amené à cette perception si aiguë des limites de son corps, on est plus enclin à le maintenir ; il n'est pas surprenant que le mot « gymnase » vienne du terme grec qui veut dire « nu ». L'effet produit est celui d'une intimité en public, où le moi est pour ainsi dire au fourreau, de telle sorte que la salle de gym est moins un forum où peuvent avoir lieu des rassemblements civiques qu'une ruche d'intimités composites ;

c'est ce que symbolisent les casques qui isolent chacun des ahans, des expectorations et des efforts musculaires des autres individus.

À cet égard, les règles de la salle de gym ressemblent à celles qui régissent les lieux de culte. Si une synagogue – mot qui signifie « se rassembler » – et une église – qui veut dire également « appeler à se rassembler » – battent le rappel des fidèles, cette énergie convergente ne tarde pas à diverger, comme à travers un sablier, dans la pratique privée de la prière, où chaque personne, séparée des autres, redevient un grain de sable, si bien que la conversation personnelle avec Dieu peut s'ébaucher. Dans la salle de gym, les tapis de prière se métamorphosent en tapis de sol, et les coussins de prière en foulées, mais le mouvement de sablier persiste : même si tu optes pour un cours spécifique – sculpture du corps, Pilates, vélo en salle, parcours d'entraînement – plutôt que pour le défi stoïcien de te torturer toi-même sur un rameur ou sur un banc de musculation, l'activité collective cède bientôt la place à une négociation sans intermédiaire avec toi et toi seul. Et quoique rébarbatif, cela pourrait, comme un appel de ta conscience, être irréfutable. Car, dans la carte mentale, c'est au point *x* de la conscience que l'exercice et la prière se rejoignent, en ce qu'ils te rappellent l'un et l'autre à un devoir, et un devoir, qui plus est, dont nul autre que toi ne peut s'acquitter. Peut-être est-ce la meilleure définition de la conscience : le sentiment d'une dette qui ne peut être remboursée et donc un indice de ta propre solitude. Tu es le seul à pouvoir faire cet investissement, mais tu es également seul à en recevoir les dividendes.

Pourtant, la principale raison en faveur de l'individualisation qui nous est imposée par la salle de gym n'est pas liée à des exigences spirituelles, mais physiques, et en cela la salle de gym ressemble moins à une église qu'à un hôpital. La salle de gym et l'hôpital, déjà réunis par la position qu'ils occupent sur cet arc qui va de la prévention à la guérison, tendent l'un et l'autre un miroir à ton corps et t'obligent à te confronter avec lui. Que la fréquentation de la salle de gym soit laissée à ton appréciation là où le rendez-vous à l'hôpital s'impose de lui-même n'y change rien : une fois que tu as franchi le seuil, ton corps passe en jugement, et qu'il envie ou plaigne ce dont la nature t'a doté, chacun autour de toi en est conscient : avec plus ou moins de discrétion, tous les usagers des salles de gym, comme tous les malades hospitalisés, s'interrogent sur la vigueur ou l'étiolement des corps qui les côtoient. Ce qui est encore moins laissé à l'appréciation individuelle et qui, dans son incapacité même à être transféré est semblable à cette dette de conscience, c'est l'impossibilité de changer la donne – c'est-à-dire changer de corps ou être séparé de lui, ne serait-ce qu'une nanoseconde. Bien plus que ton esprit, susceptible d'être aliéné par endoctrinement, ton corps ne peut jamais être disjoint de toi et de cette personne que tu es ; ce qui est curieux, lorsqu'on sait que le moi est, dans les représentations qui en sont faites, le plus souvent localisé dans l'esprit. Quel que soit le degré de proximité que tu peux avoir avec autrui – dans le combat, disons, ou dans le coït – rien ne peut entamer cette possession en propre de ton corps, et nous en faisons l'expérience avec une intensité particulière dans la salle de gym. Il importe peu que tu prennes la voiture pour t'y rendre – l'outil par excellence pour affranchir un passager du poids de sa corporalité, pour minimiser l'effort humain – puisque cette voiture ne désolidarisera jamais ton corps de toi. Qui plus est, ton corps est ce sans quoi ton programme d'exercices ne peut commencer, et nous touchons là le lien essentiel avec l'hôpital. De même que nul ne peut subir une opération chirurgicale à ta place, jamais personne ne fera de la musculation pour toi, de telle sorte qu'à la différence de la plupart des tâches – disons aller acheter du lait ou lancer une bombe – qui peuvent être déléguées, tu es la seule femme ou le seul homme habilité à t'acquitter de celle par laquelle tu augmentes ton rythme cardiaque. Si nous pouvions payer un entraîneur personnel pour qu'il fasse les exercices à notre place, nous le ferions probablement, mais nous ne pouvons déléguer à ce point, et nous ne pouvons guère sous-traiter que la volonté nécessaire à rassembler les conditions de possibilité de la musculation. Quant au reste – la rencontre courageuse avec notre corps dont nous ne pouvons nous désolidariser –, cela ne tient qu'à nous. La salle de gym inscrit dans ton agenda un rendez-vous intime avec ton moi incarné et vivant.

Enfin, évidemment, la raison ultime d'aller à la salle de gym ou à l'hôpital est de conjurer la mort, ou du moins de la différer le plus longtemps possible. Il convient de penser ici à Martin Heidegger, le plus impressionnant des philosophes allemands du XXe siècle qui, méditant sur la mortalité depuis sa cabane en Forêt noire, affirmait que notre être même ne nous est donné qu'à la condition qu'il disparaîtra un jour – et pour une bonne part, naturellement, parce que notre corps va un jour lâcher. Cela fait du corps que tu emmènes à la salle de gym un alliage singulier de deux choses : à la fois le véhicule de ton existence et la cause de ta mort. Après tout, sans corps, tu ne serais pas mortel, et tu n'aurais aucune raison d'aller à la salle de gym. Ce que tu vois à la salle de gym, ce sont des corps qui tentent de résister au fait qu'ils sont des corps – c'est-à-dire des entités naturelles obligées un jour ou l'autre de quitter leur âme. Avoir un corps, c'est faire de ta course sur le tapis une course après la vie.

Par chance, il y a quelque chose dans l'acte de courir qui fait que la vigueur qui t'habite est tout particulièrement vivante et semble laisser la mort derrière toi. Il y a à Londres une boutique de baskets appelée « *Run and become* » [Cours et deviens], nom qui nous plonge au cœur de la relation dynamique entre la course et l'existence. Bien sûr, tu peux rester planté là ou paresser sur ton lit et ne faire qu'être, mais pour devenir toi-même, pour te transformer en une flamme de pure existence, la course à pied est sans égale. C'est en partie parce que la course a une dimension primitive, voire sauvage : quand nous courons, nous devenons un animal dans la grande course humaine ; cela te demande de mobiliser toute ta vitalité, de tout rendre dynamique, de passer du blanc au rouge, comme si rien d'autre n'existait. Et en cela, courir exprime une des propriétés essentielles de la vie, à savoir sa capacité à courir par elle-même : tenir par la force du poignet, bouger soi-même sans être mû par une force extérieure. À l'être appartient ce pouvoir divin de se mobiliser soi-même, d'être à soi-même son propre moteur, d'être automoteur – ton corps est une *automobile* qui, à la différence de la voiture fallacieuse, n'a pas besoin de démarreur pour se mettre en route.

Ainsi donc, comparé à cette Volkswagen que tu conduis jusqu'à la salle de gym, tu es une entité supérieure. C'est la bonne nouvelle. La mauvaise, c'est que ce corps qui se meut par lui-même pourrait ne pas être si exclusivement tien, après tout. Je viens de décrire la relation immuable, isotopique, entre ton corps et toi, l'identité parfaite entre les deux. Mais va dans n'importe quelle salle de musculation de n'importe quelle salle de gym, et tu verras que ses occupants remodèlent leur corps sans s'inquiéter, redonnent une forme à leurs difformités. Certes, la salle de poids et haltères attire un type de public bien particulier, si bien que l'échantillon n'est peut-être pas représentatif, mais le fait que n'importe qui, pourvu qu'il s'escrime le temps qu'il faut sur des haltères, puisse définir ses deltoïdes, transformer ses trapézoïdes et gonfler ses biceps en monticules sur ses bras signifie qu'un corps différent t'attend à quelques répétitions de là. Ce corps différent pourrait toujours être ton « pouvoir-être propre », pour emprunter le vocabulaire de Heidegger – quelque chose d'absolument inaliénable – mais quelle est la valeur de ce « pouvoir-être propre », s'il s'applique à des choses si faciles à remodeler ? Pure camelote ! En outre, parce que l'on procède à ce genre d'améliorations physiques avec un idéal en tête, le physique qui en résulte ne sera pas plus unique, mais moins unique : le corps gagne en perfection mais perd en caractère et, comme sur une poupée Barbie, il y a disparition des déformations, des petits plis et des pendouillages qui ne sont qu'à toi.

Mais peut-être est-ce une méprise délibérée. Heidegger, et il n'est pas le seul, dirait que remodeler ton corps, ce n'est pas transformer ton être, loin de là ; admettons qu'être bien bâti changera *qui* tu es, mais cela ne changera pas *ce* que tu es. Sans égard pour la puissance que ton *pectoralis major* aura gagnée sur les machines de force, quand il s'agit de résister à la force ultime – la mort – le muscle est condamné à l'échec ; assurément, à chaque traction sur la poulie, tu retardes la mort de quelques minutes, mais tu ne viendras jamais à bout de son arme secrète – le fait qu'elle est inévitable.

Cet argument est en soi puissant, assurément, et pourtant on peut aussi repousser le poids du raisonnement de Heidegger ; depuis le jour de son inéluctable trépas, la plus grande partie de la philosophie européenne s'est attelée au démantèlement de ce qui, dans Heidegger, est, comme un vélo d'appartement jeté au rebut, le cadre rouillé de la philosophie de la vieille école. Quoique Heidegger se fût lui-même répandu en injures contre ce que la philosophie était devenue – tant de distinctions techniques qui ne changent rien au fond – afin de faire revenir la philosophie à son propos originel, à savoir la compréhension de la nature de l'existence, la vérité est que l'« être » est l'ultime bastion de l'*establishment* philosophique, la dernière bataille de la métaphysique – et la salle de gym annonce l'arrivée de la prochaine génération. Car la salle de gym conforte les valeurs existentielles qui défient la vraie « vie » selon les philosophes, où être est un fardeau et où chacun a une dette envers la mort – comme si le physique jetait un œil sur le métaphysique et se rendait compte qu'il peut le distancer. Aller à la salle de gym, ce n'est pas exactement être dans le déni de la mort, mais il faut bien admettre que la santé et la culture physique appartiennent très nettement à ce monde, le monde de ce qui se voit et de ce qui peut être contrôlé ; même si elle va directement à ton cœur pour le faire marcher plus vite, la salle de gym vise davantage aux bénéfices superficiels, la peau florissante de santé, le ventre plus ferme, les jambes plus fuselées. Il se peut que de tels buts soient à des années-lumière de la Fin elle-même, mais ils constituent des fins en soi – et en cela ils sont bien servis par le terme « ça marche » ; cela ne veut pas dire que tu résous un problème ou que tu effectue ton préavis, non tu es simplement en train de t'entraîner, individu autogéré dans un vague cocon d'activités physiques. Pas besoin de te mettre martel en tête avec toutes ces survivances obscures autour de l'« existence » aussi impossibles à prouver que Dieu lui-même ; contente-toi de les dépasser en courant comme si elles étaient les dernières et faibles lueurs des Âges obscurs, vouées à s'éteindre bientôt.

Donc la salle de gym nous aide à remplacer la vie par un mode de vie, à rejeter cet « être » rigide aux relents scolastiques en faveur d'une identité nouvelle et renouvelable. En apparence, c'est une bonne chose que cette révolution qui remet le pouvoir, telle une barre d'haltères, entre nos mains – à moins que nous ne nous trompions tous. J'ai dit ci-dessus que la salle de gym prend la direction opposée, c'est-à-dire qu'elle tend à réduire les différences entre les corps et à préférer le portrait-robot au portrait craché, mais il y a des gens qui vont au-delà. Nous connaissons bien, par exemple, le « fascisme du corps », l'idéologie selon laquelle, si tu veux appartenir au groupe, ton corps doit se conformer à un certain type – pas trop gros, pas trop petit, pas trop ridé. C'est un ensemble de règles qui désavantage les femmes en particulier, au point que les mouvements féministes ont inscrit à leur agenda le problème de la graisse, se prononçant contre les rondeurs et demandant de garder sous contrôle les excroissances féminines naturelles – poitrine, fesses et hanches. Mais cela s'applique aussi aux homosexuels, sommés de la même manière de se conformer à un idéal de beauté : cheveux rasés, taille fine, épaules bien dessinées. Loin de constituer une île paradisiaque de création libre de soi par soi, la salle de gym peut être vue comme une colonie d'esclavage, un culte de l'uniformité ou un ministère du Calibre qui classe les corps selon leur valeur esthétique, et donc sociale. Et parce qu'à mettre le corps au centre on rejette l'esprit à la périphérie, c'est comme si, loin de promouvoir une authentique individualité et la diversité des voix, on œuvrait tacitement à leur éradication. Peut-être cette action souterraine trouve-t-elle son expression la plus concrète dans le silence des exercices – les salles de gym sont remarquables par le contraste entre le bruit ambiant des téléviseurs, des haut-parleurs et des tapis roulants qui vrombissent, et l'effort muet des usagers – qui suggère que chacun se concentre trop sur son corps pour se soucier de savoir qui il est.

On peut aller plus loin encore. Cet étouffement de l'individu pourrait signifier que la salle de gym est devenue le terrain de manœuvres de ce que Michel Foucault appelle les « corps dociles », des humains soumis malgré eux aux besoins de l'État, dociles plutôt que récalcitrants, corps plutôt qu'esprits. Au lieu de faciliter notre programme personnel, la salle de gym nous intègre à notre insu dans son schéma constitutif, selon lequel nous sommes autant d'unités à organiser en fonction d'une gestion horaire du temps à peine différente du tableau de service d'une usine ou d'une maison de correction. Ton travail en salle de gym n'a certes pas de rendement dont l'État pourrait profiter – si ce n'est dans la mesure où l'amélioration de ta santé signifie un allègement de la contrainte sur la Sécurité sociale –, mais en tant qu'elle est un lieu où tes entrées et sorties sont enregistrées, tes données médicales stockées, tes écarts par rapport à la norme mesurés, la salle de gym est devenue une institution étatique, un recensement en temps réel de ce dont est capable le prolétariat – même si, comme nous le verrons dans un moment, il est possible de faire revenir ton moi.

Et si l'approche de Foucault te semble quelque peu paranoïaque, pense un peu à l'autorité que les salles de gym ont acquise en dénichant ce qui n'était auparavant qu'un truc d'amateur pour rester en forme et en le professionnalisant. Le temps est loin où il était possible, sans se sentir idiot, de sautiller sur son patio, par exemple, parce que l'exercice a été remis entre les mains de la science, via la salle de gym, et retour. De nos jours, c'est non seulement faire preuve d'amateurisme que de s'entraîner ailleurs que sous les néons d'une salle de gym à l'atmosphère froidement clinique, mais c'est encore plus faire preuve d'inconscience. La présence même de coaches sportifs aux muscles finement dessinés vient rappeler au mortel qu'il serait dangereux de faire ses exercices chez lui, sans surveillance ; l'équipement spécialisé de la salle de gym – ceintures cardiaques, tapis de course à programmes multiples, conseils de nutrition placardés au mur – ne dit pas autre chose. Le message est clair : l'individu n'étant pas apte à s'occuper de son propre corps, il faut s'en remettre à un expert. Ainsi, c'est bien notre conscience qui nous pousse à nous rendre à la salle de gym, mais c'est la réitération voilée de notre incompétence qui nous pousse à y rester.

Disons que Foucault a raison : la salle de gym est un loup déguisé en agneau, un club qui, sous des apparences amicales, est secrètement investi de la mission de contrôler non seulement ton rythme cardiaque, mais aussi la constance de ton identité de sujet. Renverse maintenant l'argument. L'État n'aurait pas besoin de surveiller la docilité des corps si ceux-ci n'avaient pas le pouvoir de le subvertir, c'est-à-dire de donner au corps une signification nouvelle, en le concevant comme une arme politique, un agent de résistance. C'est une idée développée par le précurseur de Foucault, Mikhaïl Bakhtine, qui grandit à l'époque de la révolution russe et soutint que le corps est une force de dissidence par sa capacité échapper aux normes prescrites d'en haut. Car, tel un jardin, le corps est naturellement sauvage, prompt au désordre, et moins il y a de haies autour de lui, plus il incarne le pouvoir des gens à déborder de leurs clôtures institutionnelles.

Pour Bakhtine, le corps était un « carnaval » (le mot lui-même renvoie à la « chair »), une fête destinée à mettre le monde sens dessus dessous et à autoriser la licence de l'abandon physique ; et si le corps était susceptible d'avoir les genoux cagneux, un dos bossu ou de la cellulite, tant mieux, car cette tendance à sortir de ses propres limites était une incarnation littérale du corps politique tel qu'il devrait être – diversifié, populaire et enclin à se mettre en scène. À l'hypothèse que la salle de gym serait une entreprise gérée par l'État qui se saisit d'une matière première imparfaite pour la formater selon des gabarits réguliers, une réponse s'impose : il faut la mettre à sac et la remplacer par l'anti-salle de gym – une galerie de désaxés guère différente d'une peinture de Jérôme Bosch ou d'une sculpture des frères Chapman, où les corps sont de toutes formes et de toutes tailles, où la difformité est la bienvenue et l'obésité un signe de l'expression de soi. Il n'y a en somme aucune raison de sombrer dans le désespoir si ton corps n'est pas celui d'une Vénus ou d'un Adonis : chaque centimètre de tour de taille en trop révèle le révolutionnaire qui est en toi.

XI

PRENDRE UN BAIN

Sur WikiHow – le cousin plus technique et professionnel, moins académique, de Wikipedia – on trouve les instructions suivantes pour prendre un bain :

1. **Retirez vos vêtements et pliez-les soigneusement.** Préparez ensuite votre bain. Vérifiez que la porte est bien fermée !

2. **Trouvez un récipient suffisamment grand pour pouvoir y entrer.** Le choix le plus évident serait une baignoire, mais n'importe quoi d'assez grand et d'assez profond fera l'affaire. Assurez-vous qu'elle soit étanche pour éviter les fuites (et pour éviter que quoi que ce soit d'autre n'entre à l'intérieur). Vous pouvez utiliser un trou creusé dans le sol dont les parois ont été isolées, ou un trou naturellement creusé dans la roche, qui retienne l'eau.

3. **Remplissez d'eau la baignoire.** S'il s'agit d'une baignoire construite dans votre abri préféré, vous avez certainement l'eau courante à disposition. Si c'est le cas, tournez le robinet. Sinon, utiliser des seaux pour apporter l'eau depuis votre source jusqu'à la baignoire. Remplissez-la jusqu'à ce qu'il y ait assez d'eau pour recouvrir votre

corps. Gardez à l'esprit que le niveau de l'eau montera par un effet de déplacement lorsque vous y entrerez.

4. **Choisissez la température de l'eau.** Les bains froids plaisent à certains, mais la plupart préfèrent se relaxer dans un bain chaud. Si vous disposez d'un chauffe-eau, il est possible que l'eau sorte du robinet à la température que vous souhaitez. Si vous n'en avez pas, vous pouvez toujours faire chauffer votre eau. Une des possibilités est d'allumer un feu sous votre baignoire, mais vous risquez de transformer votre bain en soupe si cela n'est pas fait correctement. Une bonne façon de chauffer l'eau du bain est d'allumer un feu à proximité de la baignoire et de mettre des pierres sur le feu. Quand les pierres sont assez chaudes, mettez-les dans l'eau (pas avec les mains) et remuez l'eau jusqu'à ce qu'elle atteigne la température souhaitée.

5. **Entrez dans votre bain (doucement s'il est chaud).** Immergez-vous jusqu'au cou, pas plus, pour éviter de vous noyer. Si vous voulez mettre votre tête sous l'eau, faites-le, mais rappelez-vous que l'être humain a besoin d'air pour survivre.

6. **Détendez-vous.** Fermez les yeux, respirez profondément et faites-vous plaisir. Si vous en avez envie, vous pouvez utiliser un savon et du shampooing pour vous laver, mais souvenez-vous qu'après cela l'eau du bain sera pleine de crasse et de savon. Si vous avez choisi la méthode des pierres chaudes, utilisez l'outil qui vous a servi à prendre les pierres (au lieu de vos mains nues) pour mettre plus de pierres dans l'eau et ainsi garder le bain chaud. Si vous êtes à l'intérieur, évacuez un peu d'eau, puis faites couler un jet d'eau chaude du robinet. Lorsque vous avez terminé, videz votre baignoire et séchez-vous.

Avant WikiHow, que faisions-nous ? Y avait-il alors des millions de gens mal lavés, se grattant la tête non pas seulement à cause des poux, mais parce qu'ils ne savaient pas comment se faire couler un bain ? Un bain devrait être la chose la plus simple du monde et pour laquelle on ne devrait jamais avoir besoin de directives. Là où il y a des directives, il y a des difficultés potentielles.

Comparons bain et douche. Quoiqu'on puisse arguer que la douche recrée la sensation naturelle d'une averse sous laquelle on passe, causant une mousson domestique, les tropiques en miniature dans ta salle de bains, c'est surtout un truc technique. Là où il nous suffit, tel un affable tromboniste, d'ouvrir les valves pour faire couler l'eau, on doit pour la douche obliger l'eau à monter et, une fois cela fait, la forcer à descendre à nouveau – *force* est un autre mot en anglais pour dire « chute d'eau » et une chute d'eau est l'« effet Niagara » auquel toute douche aspire. Cette prouesse hydrotechnologique signifie que la douche doit être équipée de toutes sortes de tuyaux chromés – pompes, conduites et robinets – qui peuvent être entièrement dissimulés (ou bien exposés au regard comme preuve de leur fonction, véritable étalage du génie industriel). D'une façon ou d'une autre, avec son large accès, ses carreaux d'ardoises et ses extraits végétaux pour faire mousser les cheveux de ses occupants, la douche moderne s'apparente à une grotte thermale, une source chaude qui jaillit de ton mur en glougloutant magiquement comme si elle sortait d'une caverne de calcaire, masquant les éléments techniques et reproduisant ainsi la simplicité du bain. Mais le technique menace toujours de basculer dans le clinique, et la sensation d'être passé à la vapeur dans des brumes adoucissantes prend vite celle d'une forme de vulnérabilité.

Cela est particulièrement vrai de la douche fermée par des portes en plexiglas qui, tout en essayant de créer une capsule de sécurité pour ton intimité et ton confort, ressemble à un transpondeur ou à un scanner dont tu pourrais bien ressortir avec tes protons recombinés. Et quoique tu sois debout, ce qui rend plus facile une vigilance pour laquelle tu dois lutter dans ton bain, ta nudité est encore plus exposée que dans la baignoire où tu t'immerges. Opte pour un rideau de douche, si tu préfères, mais, comme Alfred Hitchcock nous le rappelle – lui qui fit pour les salles de bains ce que Spielberg fit pour les plages –, cela ne peut garantir toute la protection nécessaire.

Ce n'est pas pour dire que le bain n'a pas certains côtés négatifs qui lui sont propres. Sa forme de cercueil fait du baigneur un cadavre rigidifié à l'intérieur, l'association avec le « bain d'acide » nous rappelle le sort subi par les victimes du tristement célèbre John George Haigh, et la menace d'un courant électrique qui traverserait son lac trompeusement placide n'est qu'à un sèche-cheveux de distance. Ensuite, dans certaines cliniques, tu as le « bain à l'éponge », moins glamour – ce pathétique « tout trempé allongé sur le dos » des personnes frêles et des infirmes. Pourtant tous ces bains-là sont quelque peu comiques et pardonnables : comparée à l'échafaud tragique de la douche, la baignoire est un accessoire de vaudeville, un réservoir lilliputien pour petits bateaux. Peut-être ce nivellement par le bain est-il dû non seulement à son aspect horizontal, mais aussi au fait qu'être dans l'eau est handicapant, la résistance à son mouvement rendant le corps faible ou malhabile, entravé comme peuvent l'être les astronautes. En nous ralentissant, le bain nous humanise : il reconnaît l'humanité de l'espèce humaine, constituée d'êtres qui se reposent autant qu'ils travaillent, qui ont le pressant besoin d'être bercés dans des eaux utérines, peu importe qu'ils aient grandi depuis l'âge où, bébés, on leur donnait le bain. Une petite douche, oui, mais doucher les petits, non ; le bain est le lieu de ce retour quotidien à notre commencement.

Il l'est tellement que, aussi amnésiant qu'amniotique, le bain nous pousse au sommeil (ce que ne peut faire la douche). À défaut de s'endormir pour de bon, ce qui pourrait être dangereux, mieux vaut encore se consacrer à la méditation. À l'heure actuelle, le bain, en Occident, prétend nous transporter en Orient et se transforme en sanctuaire aquatique fait de bougies, d'huiles et de lumière tamisée, en étang de lotus où il devient possible de se laisser flotter et de s'abandonner à une détente quasi mystique. Pourtant, contrairement à ce que l'on croit généralement, l'état méditatif encouragé par le bouddhisme vise le contraire de la relaxation – non pas une dérive facile de tes pensées, mais une conscience exacerbée. Et la « conscience exacerbée » n'est pas la défonce, ni la vision du monde sous acide ; pas plus que le sens superdéveloppé que tu as de toi-même en train de te répandre avec brio ; ou l'acquisition de superpouvoirs comme si tu étais l'un de ces superhéros capables d'écouter le crépitement de la vie sur Mars. Dans la tradition bouddhiste, la conscience exacerbée – le but de la méditation – signifie vivre complètement dans le moment, de telle sorte que tu ressentes intensément tout ce qui est autour de toi, jusqu'à la différence de température à l'entrée de tes narines, entre l'air que tu inspires – essaye – et celui que tu expires. Qu'y a-t-il de si grandiose là-dedans ? En pratiquant ce *bhavana* méditatif (c'est le mot sanskrit), tu entraînes ton esprit à ne pas vagabonder et tu t'épargnes ainsi des souffrances non nécessaires. Car de manière presque irréversible, lorsque tu fais trempette, tes pensées tournent au fantasme – tu songes à la personne que tu aimerais embrasser, à l'augmentation de salaire que tu anticipes –, et les fantasmes te mettent dans un état de désirer, c'est-à-dire de chercher quelque chose en dehors du moment. Cela est mauvais parce que, selon Bouddha, c'est du désir que naît la souffrance en créant un attachement aux choses qui te rend esclave ; comme des bulles de mousse scintillant à la surface d'un bain tiède, le désir produit un intérêt superficiel, une merveille opalescente pour te divertir, pendant que ce qui réside en dessous – ta faculté à vivre l'instant présent – se refroidit. En te ramenant à l'ici et maintenant, la méditation affaiblit la fascination addictive pour les objets de fantasme. Dans ou hors du bain, cela a le double avantage de calmer les besoins maladifs qui te rongent et de te rendre apte à entendre l'évidence miraculeuse de ce qui est.

Ce fut une telle forme de conscience exacerbée qui conduisit à l'une des plus grandes découvertes de tous les temps, lors du plus célèbre des bains. Je veux bien sûr parler de l'eurêka originel, quand Archimède, philosophe et homme de science grec, découvrit la loi liée au déplacement de l'eau. Dans l'impossibilité de consulter WikiHow, il dut utiliser sa propre ingéniosité scientifique pour résoudre le problème de savoir si la couronne du roi était vraiment faite d'or massif ou bien si l'or avait été mélangé à un métal moins noble qui permettait à son joaillier d'en retirer un plus grand profit – et cela sans abîmer la couronne en la divisant en plusieurs morceaux ou en la fondant. Assis dans son eau savonneuse, Archimède se rendit compte qu'il pouvait affirmer que la couronne avait la densité de l'or pur en la plongeant dans l'eau et en regardant si elle déplaçait autant d'eau qu'elle le devait, c'est-à-dire si la densité correspondait au volume. « Eurêka ! » s'écria-t-il, avant de sortir danser sur la route, plongé dans le pur bonheur d'avoir découvert cette nouvelle loi de la physique.

Au-delà du caractère génial de la découverte, l'anecdote contient un grand nombre de révélations sur la pratique du bain. Laissons de côté le point évident qu'on tient là un philosophe en train de faire quelque chose qu'on n'associe pas spontanément avec des hommes d'esprit (on dit que Jean-Paul Sartre ne prenait jamais de bain pour éviter d'être privé du temps nécessaire à des activités plus nobles de la vie, comme penser, fumer et coucher avec la remarquablement tolérante Simone de Beauvoir). Le moment « eurêka » révèle la capacité du bain, comme un bain-marie, à dégeler l'esprit et à permettre aux jus créatifs de couler, à le faire passer de la torpeur à la lumière méditative puis à une intuition aiguë (peut-être tout labo devrait-il en avoir un, exactement comme les agences de médias ont des divans), même si la portée de la découverte est entravée par les connotations là encore comiques du bain et par les cabrioles à travers la ville, qui gâchent quelque peu la solennité de l'instant. C'est une question de volume : Archimède a découvert une loi physique, mais le déplacement de l'eau a aussi une portée métaphysique. Quand tu entres dans ton bain et que tu vois le niveau monter proportionnellement à ton propre volume, au millimètre près, l'eau rend beaucoup plus concret que l'air ne peut le faire le fait que ta masse volumique prend de l'espace, et un espace, de surcroît, qui ne peut être occupé dans le même temps par autre chose. Le monde tourne toujours autour de toi, t'étreignant aussi étroitement que l'eau, mais du même coup il permet ton glissement onctueux au travers. Certes, ton système corporel n'est pas aussi clos qu'on pourrait le croire – en dehors des orifices qui te permettent de faire entrer ou sortir de la matière, le bain lui-même fripera tes doigts au fur et à mesure qu'ils absorbent davantage d'eau –, mais, pour l'essentiel, tu fends les éléments dans lesquels tu te déplaces comme un phoque, et le bain confirme le fait que ton être est une masse d'atomes dont l'intégrité même fait de toi ce que tu es.

Ce que tu es, du moins, aussi longtemps que cette intégrité résiste à la désintégration, à l'atomisation ultime de ton corps et à son retour aux éléments. Des choses bien pires arrivent en mer, bien sûr, et pourtant si nous *devions* nous dissoudre dans le bain, il n'y aurait guère d'indices pour le prouver. Les statistiques varient, mais comme les professeurs de biologie aiment à le rappeler, au moins 70 % de ton corps est constitué d'eau, si bien qu'il ne restera pas grand-chose de toi, hormis quelques dents qui flottent et, dans un chant du cygne tragicomique, un canard en caoutchouc slalomant au milieu d'elles. Cette affinité entre les humains et l'eau – qui remonte à la période archaïque où les protohumains étaient des organismes unicellulaires dansant dans la soupe biotique des premiers océans – a même eu un impact sur la théorie de l'évolution. Car si le fait de prendre des bains a l'air si naturel, il se pourrait que ce soit pour des raisons préhistoriques. La sagesse admise dit que les singes ont commencé leur parcours d'évolution vers l'hominisation au moment où ils sont descendus des arbres de la jungle et ont commencé à se balader sur deux pattes dans la savane. Mais il existe une autre théorie qui remonte à l'ancêtre intellectuel d'Archimède, Anaximandre, et qui affirme qu'avant de se développer sur la terre ferme, l'hominidé primitif a probablement été un nageur. Connue aujourd'hui sous le nom de « théorie du primate aquatique » et attribuée le plus souvent à l'écrivain gallois aux multiples talents Elaine Morgan, elle pose les questions suivantes, avec pour réponse implicite que l'« homme » – et bien sûr la « femme » – partageait certaines propriétés morphologiques avec les poissons :

– Pourquoi, sinon pour leur permettre de bouger mieux dans l'eau, les humains n'ont-ils pas à proprement parler de poils sur le corps, à la différence d'autres mammifères ?

– Pourquoi, comme les dauphins, ont-ils une couche de gras sous-cutanée ?

– Pourquoi, sinon pour une meilleure lubrification, ont-ils des glandes sébacées dans la peau (là encore à la différence d'autres mammifères) ?

La théorie du « primate aquatique » peut avoir des détracteurs, mais cela ne signifie pas que nous devions jeter le bébé avec l'eau du bain. Qu'elle nous fournisse ou non le chaînon manquant dans le récit de l'irrésistible ascension de l'homme, elle renforce le fait que, pour un mammifère, l'*Homo sapiens* est remarquablement adapté à l'eau : qu'il soit ou non né sous le signe des Poissons, il est comme chez lui dans le bain pour des raisons qui sont plus que psychologiques.

La relation va encore plus loin. Non seulement nous sommes faits d'eau et nous nageons avec bonheur dans son giron liquide, mais il y a peut-être une sorte de « résonance morphique » entre l'homme et l'eau, pour reprendre l'expression du physicien Rupert Sheldrake (nous avons aussi besoin d'eau pour survivre, ne l'oublions pas, et cet élément nous est tellement vital que le mot latin *aqua* est l'abréviation d'une phrase signifiant quelque chose comme « ce que nous devons puiser pour vivre »). En 1999, sur les îles du Japon, Masaru Emoto publia un travail de recherche extraordinaire pour démontrer que « l'eau est un miroir qui reflète notre esprit ». Son livre, *Aime-toi. Message de l'eau*, est un album de photographies de cristaux d'eau venant des quatre coins du monde et dans différents états. Emoto n'aurait en réalité besoin d'aucune des étonnantes affirmations qu'il avance pour que les cristaux nous stupéfient : ils sont aussi beaux que des parures de diamants et donnent la troublante impression d'un mélange de naturel et d'artificiel. Mais les plus beaux cristaux, comme les princesses, ont leurs méchantes sœurs. Alors que les cristaux d'eau photographiés à la source japonaise de Metori Yusui sont comme du sucre candi, le portrait craché du rayonnement céleste, ceux de Sapporo, une ville de deux millions d'habitants, bien qu'ils « essaient désespérément d'être propres », sont malformés, et même mutants ; non que l'environnement urbain ne soit pas propice à la formation de beaux cristaux : Buenos Aires, par exemple, est gratifiée de cristaux qui sont comme des médaillons exquis. On peut d'ores et déjà en déduire que l'eau correspond à la façon dont elle est traitée par les êtres humains, et cela n'est rendu que plus explicite quand l'équipe de recherche d'Emoto explore l'effet de la musique sur les cristaux. Bach provoque des formations célestes, comme on pouvait s'y attendre ; le heavy metal imprime une explosion concentrique dans la forme cristalline ; et, phénomène plus fascinant de tous, la « Valse de l'Adieu » de Chopin fait que les éléments du cristal se séparent, comme s'ils prenaient congé les uns des autres. L'équipe « montre » alors des phrases à l'eau, une expérience qui vous donne immédiatement la chair de poule et dont l'issue est plus stupéfiante encore. Ils répartissent un échantillon d'eau distillée entre deux bouteilles, puis :

> Nous avons alors collé un papier sur une bouteille qui portait « Merci » calligraphié dessus. Sur l'autre bouteille nous avons mis « Abruti ». Puis nous les avons laissées ainsi pour la nuit. Le lendemain nous avons gelé l'eau et pris des photos des cristaux qui s'étaient formés.

Devinez quoi ? L'eau qui a été remerciée récompense les chercheurs avec des cristaux parfaits, tandis que l'autre lot produit des formes défigurées. Des bains romains aux hôtels thermaux contemporains, on a souvent estimé qu'il était excellent pour la santé de prendre les eaux – nous pensons même que notre humble baignoire domestique peut aider un chouïa, un bain chaud étant presque toujours une bonne chose –, mais le fait de savoir qu'on peut affecter la santé de l'eau est une sacrée découverte. Elle suggère que nous faisons partie intégrante d'un champ unifié et que quand tu es dans ton bain tu es littéralement dans ton élément – ou plutôt que ton corps et tes propres eaux troubles ne font quasiment plus qu'un, comme une fraction d'un système sympathique avec un flux de messages dans un sens et dans l'autre.

Peut-être est-ce là une autre façon de rendre compte de la neutralité intrinsèque de l'eau. Quoique son contenu minéral varie et que sa pureté dépende de ceci ou de cela (il existe un bar à Los Angeles qui sert autant de crus d'eau que de vin), l'eau est toujours ce même rien. Ce n'est pas pour dire qu'elle ne serait pas tout – elle représente à peu près la même portion de la surface de la terre que de nos corps – mais que l'eau surpasse même la couleur blanche dans son aptitude fondamentale à être le médium de toutes les autres choses, le super-hôte du monde, et de fait la chose même dont Mars aurait besoin pour initier une famille de créatures vivantes. Ainsi, la prochaine fois que tu barbottes dans la mousse, tu pourrais non seulement jouir du délassement que cela t'apporte – à condition, naturellement, que tu aies suivi WikiHow à la lettre – mais aussi du lien que tu établis avec l'ingrédient vital de l'être, la source dont tu proviens, toi et tous tes ancêtres.

XII

LIRE UN LIVRE

Cher lecteur, tu auras bientôt terminé la première phrase de ce chapitre, mais tu ne seras pas franchement plus avancé. Cette deuxième phrase t'aide à peine, parce qu'elle ne parle que d'elle-même elle aussi. Quant à la troisième, elle imite la première et la deuxième dans son refus de renvoyer à quoi que ce soit du monde extérieur.

Le paragraphe que tu viens de lire est grammaticalement correct, mais d'une vacuité de sens irritante. En tant qu'échantillon de langage, il peut être un exemple d'un usage techniquement bon, mais aussi abusif, car le langage doit se référer à quelque chose de réel, avec des mots correspondant à des choses. Du moins, c'est la conception classique du langage telle qu'elle est énoncée, par exemple, par saint Augustin dans ses *Confessions*, et glosée, dans ses *Investigations philosophiques*, par le petit génie de Cambridge Ludwig Wittgenstein, selon lequel « tout mot a une signification ».

Si seulement tout était aussi simple.

Que se passe-t-il vraiment quand tu lis une phrase comme celle-ci, pour ne rien dire d'un livre entier ? Car un livre est fait de mots, et les mots sont des choses singulières. Comment se fait-il que ces gribouillis noirs imprimés sur le papier soient capables de se répandre comme de minuscules chauves-souris hors de la feuille et dans ton esprit, où ils créent un tohu-bohu silencieux capable de te mettre en colère, de t'amuser, de t'émouvoir, de t'effrayer ou même de t'attaquer ? La théorie classique elle-même était divisée entre deux écoles de pensée, toutes deux décrites par Platon. La première, représentée par le personnage de Cratyle, affirmait que les mots sont véritablement connectés aux choses qu'ils désignent et que le tissu assurant cette connexion est organique, un tendon continu qui les lie les uns aux autres. Prenons le mot « mer », par exemple : il devrait bénéficier d'un lien naturel avec la masse mouvante d'eau salée qui emplit les contours des masses continentales de la planète, et cela à telle enseigne que l'océan lui-même demande à être exprimé avec un mot d'une syllabe et de trois lettres, commençant par « m » et finissant par « r ». Le mot dérive de la chose aussi congénitalement qu'un enfant descend de ses parents.

À ceci près que « mer » est un mot français, et en ce sens diffère de *thalassa* que connaissait Platon ; en quoi ce mot peut-il donc paraître plus naturel pour désigner les eaux de l'océan que le mot grec ou, par exemple, que le *al bahr* arabe ou l'anglais *sea*, ou en fait n'importe lequel des centaines de termes qui existent dans la profusion de langues parlées autour du globe ? Cratyle, en son temps, pourrait avoir envisagé une connexion naturelle entre les mots et les choses, mais nos voyages nous ont appris, à nous autres Modernes, que les gens utilisent des mots radicalement différents pour désigner le même objet, et quand notre voiture de location tombe en panne le week-end, les choses iraient beaucoup mieux si nous connaissions la traduction de « carburateur ». De là l'école de pensée rivale : la relation entre les mots et les choses n'est pas naturelle, mais artificielle. À partir du moment où la décision est reconnue de tous, cela ne fait pas une once de différence si nous remplaçons le terme « mer » par un quelconque autre mot – voire un mot complètement fabriqué, comme « cudamarre », « blore » ou « phénatique » ; quoi qu'il en soit, notre époque n'a pas peur de néologismes comme « podcast », « obamania », « blogosphère »... nous les avons tous accueillis à bras ouverts.

Et si les mots sont affaire de convention, nous pouvons aller plus loin, dans le sillage de Wittgenstein lui-même, et affirmer que les conventions s'inventent à des moments particuliers. Quand un maçon crie à un charpentier de lui lancer le tournevis, il se moque bien de la définition abstraite du terme – il n'est pas en train de demander au charpentier de lui passer un « outil pour tourner les vis », mais il se représente le Facom avec le manche orange qui est dans la ceinture du charpentier ; et, quand il commence à serrer la vis, la torsion devient une partie de la signification du tournevis, comme le sont l'armoire qu'il est en train d'assembler et le client qui regarde par-dessus son épaule ; ensemble ils créent un événement miniature, mais riche de sens, comme une courte pièce de théâtre, ou ce que Wittgenstein appelait un « jeu de langage ». Le jeu fonctionne selon un ensemble de règles inventées sur place et interprétées en fonction des besoins de chacun des acteurs.

Peut-être n'est-il pas difficile de rejeter Cratyle ou même d'accepter Wittgenstein, mais cela a des conséquences plus surprenantes qu'on pourrait l'imaginer. Car, si le choix des sons et des signes est une affaire de hasard, en tant que purs marqueurs des choses qui sont dans le monde, les mots sont, au mieux, les souvenirs de choses qui ont une signification, tout en renonçant à la leur propre – ce qui est une autre manière de dire que les mots, en eux-mêmes, sont dépourvus de signification. Et si leur connexion avec les choses auxquelles ils renvoient est artificielle ou imposée, alors les mots ne touchent absolument jamais la réalité, comme si nous étions maintenus à l'écart du monde par un écran de verre sur lequel nous inscrivons des mots à volonté, pour identifier les objets qui chatoient derrière eux, au loin. Quelles conséquences cela a-t-il, par exemple, sur les paroles prononcées dans un tribunal ? Quand tu jures de dire la vérité, toute la vérité et rien que la vérité, ta vérité doit se présenter en mots, les mots provenant d'un monde qui ne s'accorde pas avec la réalité objective. Quelle fiabilité cela donne-t-il à ton témoignage ? Pouvons-nous, grâce aux mots, nommer la vérité en tant que telle, ou bien faut-il nous contenter d'un édifice de signes verbaux ne faisant sens que les uns par rapport aux autres, pâle copie d'une vérité inatteignable qui se dessine dans le lointain ? Enfin, si les mots n'ont pas de relation intrinsèque à la réalité, comment fixe-t-on leur définition ? Une réponse – celle du linguiste suisse Ferdinand de Saussure – consiste à dire que, à défaut d'un tableau d'affichage arrêté de la réalité auquel ils pourraient être punaisés, les mots doivent être définis en relation les uns avec les autres : « table » peut être différencié de « câble », donc on sait qu'il a une signification sensiblement différente, et il est aussi distinct de « étable », « sable » et « fable ».

Et parce que la plupart des livres sont faits, comme nous l'avons dit, de mots, leur relation au monde réel sera toujours un peu particulière : la séparation des mots par rapport à la réalité suggère que le choix d'écrire un ouvrage de fiction ou un essai ne fait en somme que peu de différence.

Parce que les deux genres utilisent le langage, ils se retrouvent l'un et l'autre entraînés en aval de la réalité. C'est pourquoi, par exemple, la biographie de Benazir Bhutto ne fait pas plus autorité que *Lolita*, car, comme le livre de Nabokov, celui de Bhutto en aura été réduit à traiter les choses du dehors. On pourrait même dire que c'est le Nabokov qui est le plus fiable ; après tout, il n'y a personne de vivant qui soit en possession de quelque fait que ce soit pour contester ou améliorer l'histoire de son héroïne, produit de la seule imagination de Nabokov, tandis que la biographie de Bhutto aura, dans une certaine mesure, oublié, sous-estimé ou passé sous silence un certain nombre de données, si minimes soient-elles, qui auraient rendu son portrait plus conforme à la vérité (une biographie n'est jamais complète). Même si, comme cela semble probable, le personnage de Dolores Haze fut plus ou moins inspiré par une fille de la vie réelle, elle a été transfigurée en Lolita – c'est-à-dire en un personnage littéraire confiné à l'intérieur d'un livre, inattaquable, comme si ce livre était sa tombe, interdisant ainsi de lui voir assigner de nouvelles caractéristiques ou de voir falsifiée une quelconque partie d'elle-même.

Disons que tu es prêt à admettre que les mots sont fondamentalement trompeurs, mais pas au point de couper tous les ponts avec la réalité, et que tu te décides donc à acheter un livre qui biaise entre les deux – tout en gardant à l'esprit l'avertissement quelque peu blasé du philosophe allemand Arthur Schopenhauer, célèbre pour sa morosité : « Ce serait une bonne chose d'acheter des livres si l'on pouvait aussi acheter le temps de les lire ; mais l'on confond d'ordinaire l'achat des livres avec l'acquisition de leur contenu. » Reconnaissons cependant la bonne intention. Te voilà donc à la recherche d'une œuvre de « faction », un hybride entre fait et fiction, comme les ré-imaginations historiques si adroitement exécutées par Peter Ackroyd, et en un tournemain tu es sur la banquette rembourrée d'un *cab* en compagnie de Charles Dickens, dans les rues éclairées par les réverbères à gaz et envahies par la brume du Londres victorien, tandis que les chaînes d'une prison du bord de la Tamise font résonner à travers la nuit leur tintement glacé.

Il ne te faudra pas longtemps pour mesurer à quel point la ligne entre fait et fiction semble extraordinairement brouillée – non pas seulement parce que le livre est constitué de mots, ce qui le place déjà loin de la réalité, mais parce que, dans ce cas, il y a quelque chose dans l'histoire qui est déjà très proche de la narration. Il se peut qu'Ackroyd embellisse l'aspect factuel, mais les faits qu'il est en train de décrire sont déjà un peu de l'ordre du récit. En effet, si le même mot « histoire » désigne deux choses distinctes, il est difficile de narrer le passé sans qu'il prenne les propriétés du récit. Même si tu es seulement en train de décrire tes dernières vacances, la distinction entre le récit et l'histoire va obligatoirement s'amenuiser. Ce n'est pas que tu mentes sur l'étonnant plongeon que tu as réussi, ou sur les magnifiques couchers de soleil que tu as contemplés – tu n'as pas falsifié les faits – mais c'est que, de façon subconsciente, tu les as investis d'émotion et que, comme il donne plus d'importance à tel détail plutôt qu'à tel autre, ton témoignage contiendra autant de récit que d'histoire. Quand nous parlons d'histoire, nous devons être conscients qu'elle contient cet élément narratif, qui peut accroître tout autant que ruiner sa fiabilité.

Voilà pour l'ouvrage de « faction » d'Ackroyd. Quelques chapitres plus tard, tu t'es lassé de l'air méphitique, de la morale oppressive, des volutes infernales des bas-fonds et, avec tes vacances à l'esprit, tu te diriges vers un livre venant de climats plus ensoleillés, le sud par rapport à Dickens, une aventure qui combine la saveur plus intense, douce-amère du réalisme des faits avec la magie de la fiction. Pas n'importe quel livre, en l'occurrence, mais le livre qui demeure le meilleur exemple de « réalisme magique », un genre qu'il a inauguré, je veux parler de *Cent ans de solitude* de Gabriel García Márquez.

Non pas que les livres doivent être sortis du chapeau d'un magicien pour donner l'impression de magie. Nous soupçonnons déjà que les mots sont déconnectés de la réalité et que toute l'histoire est passée par le filtre de la narration mais, en plus de ces facteurs, toute espèce de lecture devrait te conduire à un monde à la fois profondément à l'intérieur de toi et bien au-delà. Même si le livre est publié, et donc nécessairement public, il faut que ton expérience soit celle d'une intimité somptueuse, un passage à travers un portail jusque dans un pays secret. L'incipit de *Jane Eyre* en est un très bel exemple. Tenue à l'écart du noyau familial, la jeune héroïne s'installe dans le renfoncement d'une fenêtre, isolée par « les plis d'une tenture écarlate », et se plonge dans l'un de ses ouvrages favoris (l'*Histoire des oiseaux de Grande-Bretagne* de Thomas Bewick) : avant même que le livre qu'elle s'apprête à lire ne l'emporte sous d'autres cieux, l'acte de lecture lui-même devient une métaphore de l'évasion, un renoncement spirituel au monde. La célèbre ouverture d'*À la recherche du temps perdu* n'est pas si différente : Marcel se couche de bonne heure pour lire, et dès qu'il a mouché la bougie et qu'il s'est endormi, le livre qu'il était juste en train de lire envahit son esprit, si bien qu'« il me semblait que j'étais moi-même ce dont parlait l'ouvrage ». Le livre devient un tapis volant sur lequel Marcel se retire plus loin encore que *Jane Eyre* – dans ses propres rêves.

Lire un livre, en somme, c'est absorber le magique, mais c'est aussi souvent prendre une dose de réalité, si bien que l'étiquette de « réalisme magique » vaut aussi bien pour les livres qui sont très éloignés du genre. Car, exactement comme un dossier qui relate des faits bruts – le *Livre Guinness des records*, disons – peut t'entraîner dans des endroits dont tu ne soupçonnes pas l'existence et t'éblouir avec des traits surprenants, de même un livre de pure imagination – *Alice au pays des merveilles* – construit un univers qui, aussi surréaliste fût-il, a sa propre logique, de telle sorte que le Chapelier fou ou la Reine de cœur ont une présence, une réalité, une crédibilité dans ton esprit : et quand le Lapin blanc conçoit une vive contrariété à l'idée d'être en retard, tu sens l'urgence de sa mission ; après tout, les personnages de fiction ont l'habitude de marquer ton esprit au moins de manière aussi forte que leurs équivalents plus ennuyeux de la vie réelle, devenant quelquefois finalement plus réels pour toi. Car en dépit du détachement des mots par rapport à la réalité, le monde du livre que tu es en train de lire devient aussi réel que celui qui est de l'autre côté de ta fenêtre.

Ainsi tu mets ton nez dans la première page du texte majeur de Márquez et tu commences à lire :

> Bien des années plus tard, face au peloton d'exécution, le colonel Aureliano Buendía devait se rappeler ce lointain après-midi au cours duquel son père l'emmena faire connaissance avec la glace[1].

1. Traduit de l'espagnol (Colombie) par Claude et Carmen Durand, Paris, Seuil, 1968.

Arrête-toi une minute : que s'est-il passé avant que tu n'ouvres le livre ? Que faisait le colonel ? Ne faisait-il que t'attendre, éteint comme la lumière du frigo avant que tu ne l'ouvres, ou comme une marionnette qui ne frémit et ne bouge que quand tu la sors de sa boîte de bois ? Peut-être était-il à la fois mort et vivant, comme le chat de Schrödinger – la créature imaginée par le physicien atomiste Erwin Schrödinger pour montrer comment ce que tu observes est affecté par le fait que tu l'observes ? Pour un groupe distingué de chercheurs associés à la « théorie de la réception » – la théorie de la manière dont nous « recevons » les textes, et donc une théorie de la lecture – la réponse est sans nuances : le colonel n'existait pas avant que tu n'aies commencé à lire son histoire. Un livre tire sa signification du fait d'être lu, d'être activé dans l'esprit de son lecteur. Aussi longtemps qu'il est immobile sur l'étagère, il n'est pas devenu lui-même. C'est un livre au sens où il a des pages, une couverture et un texte, mais ce n'est pas un *livre* au sens fort du terme, l'aquarium verbal de personnages, de couleurs et d'émotions qui nous avaient ravis auparavant.

En ce sens, un livre est comme une partition d'orchestre, avec toi en lecteur investi de la fonction de chef d'orchestre pour tirer les sons d'une page qui sinon resterait muette. Il est vrai que ces sons ne sont entendus qu'en une sorte de pantomime devant ton esprit et ne font jamais réellement voler l'air en éclats pour se rendre audibles, mais sans ton incantation muette, ces mots languiraient, comme en sommeil, plus silencieux encore. Pourtant, cet acte de résurrection au monde que tu entraînes (une magie en soi) a un coût. Car ces mots fantomatiques couchés sur le papier auxquels le lecteur insuffle la vie doivent, comme des négatifs photographiques, passer par un médium, un solvant, avant de pouvoir être enregistrés en tant que tels, avant de devenir proprement lisibles. Ce médium est ton esprit. En quoi cela pose-t-il problème ? Eh bien, parce que le livre que tu lis ne peut délivrer aucune signification sans un travail de décodage de ta part, le livre se heurte aux mêmes limites que toi – il ne peut signifier qu'autant que ce que ton esprit est en mesure de lui faire signifier. Parce que, en d'autres termes, c'est *ton* esprit et nul autre qui fait la lecture, la signification que tu obtiendras sera la tienne.

Une telle situation peut être interprétée de plusieurs façons. Si tu ne peux être certain que tu as lu le livre en tant que tel – mais seulement que tu as secoué les mots jusqu'à ce qu'ils aient un sens pour toi, comme le dessin formé par les feuilles de thé qui restent dans ta tasse – tu as au moins créé un monde qui fait sens selon tes propres termes. Tu as fait qu'il signifie quelque chose pour toi, et d'ailleurs, tout bien considéré, la signification, ce n'est que cela : il n'y a pas de « signification » en général ; la signification se donne quand quelque chose de large, d'abstrait, de nébuleux et sans fondement est aspiré vers le fond, quand cette chose cesse d'être un monstre errant, à peine esquissé, pour devenir ton propre animal domestique, un animal qui te ressemble. C'est en partie la raison pour laquelle le monde que tu génères à partir du livre que tu es en train de lire te maintient dans l'isolement ; nous avons tous déjà éprouvé l'envie de nous replonger dans un roman que nous avons en cours, échappant ainsi aux gens qui nous entourent. Quand bien même ceux-ci liraient le même ouvrage, la relation que nous entretenons avec le monde qui en est issu a quelque chose de particulier, de réconfortant, et qu'on aime garder pour soi. Et pourtant, quand ton sentiment vis-à-vis d'un livre est partagé par un autre lecteur, une merveilleuse complicité se crée, comme si vous aviez tous les deux pris part à un événement extraordinaire que personne d'autre ne pourrait comprendre. Partager une interprétation, c'est comme partager une même histoire.

Pour la théorie de la réception cependant, cela est problématique. Ses tenants consacrent beaucoup de temps à réfléchir à la notion d'interprétation, ou à ce qu'ils préfèrent appeler « herméneutique » – herméneutique comme chez Hermès, le plus insaisissable des dieux grecs, véritable icône de l'instabilité et du mouvement, qui, en rendant manifestes des images floues, pouvait ensuite porter ces messages mystérieux sous son aile. Nous sommes si habitués à associer interprétation et relativisme – l'idée que chacun a droit à sa propre interprétation, que sa relation privée avec son livre est spéciale et qu'il n'existe pas de vérité universellement partagée – que nous avons quelque peu oublié pourquoi l'herméneutique est importante. Elle trouve ses origines non pas dans la lecture de tel ou tel livre, mais dans la lecture *du* livre, du bon livre, la Bible. L'herméneutique était – et elle le reste dans la tradition rabbinique – l'art, la science même de déchiffrer l'intention du Seigneur à travers les Écritures saintes. Loin d'approuver les individus qui dégagent leurs propres interprétations d'un matériau aussi précieux, la raison d'être de l'herméneutique était, et pour certains elle l'est toujours, de fixer précisément la signification – dans les faits, le propos moral – contenue dans chaque phrase. Prenons les mots « tu ne tueras point » : si chacun avait droit à sa propre interprétation de ce commandement, où en serions-nous ?

Mais dans ces conditions, qui est habilité à interpréter et qui ne l'est pas ? Quand tu poursuis ta lecture du premier chapitre de *Cent ans de solitude*, où la découverte de la glace une année se fait invention du magnétisme l'année suivante, personne ne va t'objecter que tu en dégages ta propre interprétation – avec un ouvrage de fiction, l'enjeu n'est tout simplement pas assez élevé, à l'exception de quelques rares cas comme *Les Versets sataniques* de Salman Rushdie, interprétés par certains comme une insulte à Mahomet et donc comme un ouvrage blasphématoire, dont l'auteur est passible de mort. En vérité, les débats dans les départements de littérature des universités sur la signification de *Don Quichotte* peuvent devenir très passionnés, mais, à la grande différence de certains livres à contenu religieux, personne ne va entrer en guerre à cause d'eux – ce serait comme jouter contre des moulins à vent. Car on peut effectivement mourir à cause de son interprétation de la Bible ainsi les juifs ont été persécutés pour avoir refusé de lire le Nouveau Testament comme le récit de la venue sur terre du Messie – ce qui suggère que les conflits adviennent autant du fait des interprétations qu'à cause des gens qui s'y cramponnent. Et même si des religions entières sont fondées sur de telles interprétations – comme les juifs, les musulmans voient en Jésus un prophète – seuls quelques élus sont la plupart du temps habilités à interpréter. Que ce soit un rabbin, un prêtre ou un imam, toutes les « religions du Livre » font appel à un intermédiaire capable d'interpréter des écritures potentiellement ambiguës pour les masses, et donc de guider ces masses loin de pensées erronées. Dans de telles traditions religieuses, lire le Livre, ce n'est pas être invité à l'exercice libre de l'interprétation, mais c'est apprendre à obéir à la vérité telle qu'elle est mise en lumière par les docteurs de la loi. Ainsi le Livre est-il fondamentalement crypté, et seul ton voisin herméneute est en mesure de le déverrouiller : certains théologiens vont jusqu'à suggérer que les textes religieux favorisent la forme allégorique – figure du contournement – précisément parce qu'elle permet de garder une forme de mystère et de rendre ces textes inaccessibles à la multitude ignorante. Le meilleur exemple en serait la parabole religieuse – une fable morale qui peut être appréciée par les esprits simples comme un conte ou bien par les esprits sophistiqués en termes moraux.

Maintenant que nous admettons que l'interprétation de tout un chacun est valable, nous avons fait un long chemin, et, dans les années 1960, le linguiste français Roland Barthes fit balancer le pendule de l'autorité si loin du texte et de ses gardiens pour le rapprocher du lecteur qu'il est devenu fameux – ou infâme – pour avoir annoncé la « mort de l'auteur ». Car nous autres lecteurs avons été trop longtemps intimidés par les préceptes des livres que nous lisions, forcés à l'école de les interpréter de la façon étroite qui servait les conférenciers contemporains et les hommes de lettres qui faisaient des sermons à leur propos. De manière similaire à Emerson qui disait que le bon lecteur fait le bon livre, Barthes renversa les rôles au détriment de l'auteur, affirmant non seulement qu'un livre a besoin d'un lecteur pour s'éveiller à la vie, mais que, par son acte de lecture, le lecteur devient rien de moins que l'auteur, qui se délecte des possibilités herméneutiques du livre, les libère et devient son créateur. Pour autant, tout livre ne se prête pas au joyeux travail interprétatif du lecteur – il serait difficile de trouver quelque plaisir à faire l'exégèse de l'annuaire téléphonique – et c'est pourquoi Barthes a divisé en deux le monde des livres, opposant aux textes « lisibles » la race supérieure des textes « scriptibles ». *Cent ans de solitude* peut sans difficulté prétendre à la seconde catégorie. Profusion de riches descriptions, superposition de strates allégoriques, saturation (parfois indigeste) de l'histoire par le mythe : tout se conjugue pour faire de l'ouvrage un terreau fécond où le lecteur n'a plus qu'à laisser croître les germes de son interprétation.

Quelle place pour l'auteur dans tout cela ? Il est fort possible que tu aies un auteur favori, et, si c'est le cas, cela donne à penser qu'il existe un certain style par lequel tu es attiré, un ton particulier – ce qui suggère en retour que la propriété intellectuelle des livres de cet auteur est très claire, traversés qu'ils sont, comme l'écriture dans un bâton de sucre d'orge, par la signature de l'écrivain. Avec un style aussi prononcé (Márquez serait un bon exemple), il y a peu de débats possibles sur l'identité de l'auteur – il est évident que leur auteur était leur auteur et que tu n'as joué aucun rôle dans le processus de création. Et c'est aussi bien, en réalité, parce que c'est précisément en ce qu'un ouvrage est différent qu'il est attirant : pourrais-tu vraiment être aussi enchanté par les livres que tu lis si chacun d'entre eux était un reflet de toi-même ? Par ailleurs, si tu t'es jamais rendu à une lecture faite par un de tes auteurs favoris ou si tu as lu une interview de l'un d'eux ou que tu l'as entendu à la radio, il y a toutes les chances que tu te sois incliné devant son autorité à parler de son œuvre – ce n'est pas un hasard si les mots « auteur » et « autorité » sont de la même famille. Malgré l'espoir que Roland Barthes t'a donné de pouvoir prétendre au titre d'auteur, il semble que la seule chose à faire soit de reconnaître que l'auteur est le légitime propriétaire de l'ouvrage.

Roland Barthes se retournerait dans sa tombe s'il m'entendait dire cela, mais cette autorité est si immense que les écrivains deviennent les dieux de l'univers qu'ils ont créé. Cela s'applique aux essayistes, parce que, même contraints par les données, les faits et les événements, ils restent capables de recréer un monde empirique dans leurs propres termes. Mais cela s'applique particulièrement aux romanciers, qui, quand tu lis leurs livres, te montrent leur monde – les personnages auxquels ils ont donné vie à partir de rien, le paysage qu'ils ont généré, l'atmosphère qu'ils ont évoquée et transformée. Tout cela est, par exemple, à l'œuvre au début de *Cent ans de solitude* :

> Bien des années plus tard, face au peloton d'exécution, le colonel Aureliano Buendía devait se rappeler ce lointain après-midi au cours duquel son père l'emmena faire connaissance avec la glace. Macondo était alors un village d'une vingtaine de maisons en glaise et en roseaux, construites au bord d'une rivière dont les eaux diaphanes roulaient sur un lit de pierres polies, blanches, énormes comme des œufs préhistoriques.

Ces premières lignes font quelque chose de très intelligent, car elles sont une allégorie d'elles-mêmes. Elles décrivent les origines d'un village comme si c'était l'Éden, l'eau toujours pure, les pierres parfaites, les œufs encore préhistoriques et, de cette façon, elles font allusion à ce que font tous les livres à leur commencement : ils créent un nouveau monde pour que toi, cher lecteur, tu puisses y entrer.

XIII

DEVANT LA TÉLÉVISION

Dans son livre sur la télévision, l'auteur et critique tasmanien Peter Conrad affirme que la télévision est l'équivalent moderne de l'âtre autour duquel la famille se rassemblait. Mais si elle est une sorte de feu, elle ressemble alors plus à l'un de ces feux que l'on voit brûler très loin dans la galaxie. Car quand tu regardes ton téléviseur, ce foyer d'images qui flamboie dans le coin de ta chambre et dont les signaux s'enflamment et se tordent comme les explosions gazeuses d'un énorme soleil, tu pourrais aussi bien être en train de contempler une étoile. La télévision est morte, dans la mesure où toute la lumière qu'elle émet nous atteint longtemps après son extinction, faisant de nous son ultime témoin. Tu n'arrêteras pas pour autant de regarder des films, des feuilletons, des débats, des publicités, des actualités, des drames, des documentaires et des concerts – mais la télé, le média en position de monopole, est finie et bien finie. Tout son contenu ayant été dévalisé et cloné par des technologies plus récentes, la télé, réduite à l'état de feuille de plasma pointilliste, s'apprête à retrouver son statut de boîte, de coffre, d'archive et à subir cet ultime affront : être transportée au grenier.

Mais pas si vite. Parce qu'il y a une différence entre l'objet qu'elle est devenue – un sphinx ordinaire dans ta propre maison, interceptant les messages du monde extérieur – et le concept qui en est à l'origine, la télévision survivra dans la télévision elle-même. La preuve est dans le mot même, qui signifie voir (« vision ») à distance (« télé »). Même si C.P. Scott a une fois dit de ce mot qu'il est « à moitié grec et à moitié latin – il ne peut rien en sortir de bon », il désigne malgré tout quelque chose d'extraordinaire. Car la faculté d'abolir la distance, et par là de rendre présent ce qui est absent, sera toujours un miracle, notamment parce qu'elle porte en elle d'autres facultés plus étonnantes encore : si nous pouvons faire signe à notre écran, à ce qui est connu comme la « lucarne », ou à ces fantômes hauts de quinze centimètres, alors un jour nous pourrions bien être capables de faire revenir les morts à la vie. La télévision a à voir avec la résurrection, et c'est pourquoi, longtemps après que les postes de télévision eux-mêmes auront épuisé leur demi-vie sur ces vastes décharges entourées de mouettes, le concept de télévision ne sera jamais enterré. La télé est morte, vive la télé.

Ce qui signifie que, même si elle est quotidienne, la consommation d'images télévisées te relie à l'éternité, et l'écran de la télévision est une fenêtre sur l'infini. Il faut ici se référer à Gilles Deleuze, le philosophe français de la technologie, dont les idées peuvent être appliquées à cette notion d'immortalité qui est au cœur de la télé.

Un raisonnement deleuzien peut se développer comme suit. Si la télévision consiste à regarder les choses à distance – des choses qui sont arrivées à une autre époque (séquences d'archives) qui se produisent dans un autre endroit (actualités) ou n'ont jamais eu lieu si ce n'est dans l'imagination d'un auteur (film) –, ces choses doivent être transférées sur ton écran en tant que représentations :

contrairement à ce que croit le gamin qui fait traîner ses doigts sur le verre, elles ne vivent pas réellement à l'intérieur du rectangle lumineux dans ton salon. Aussi la télé est-elle un art de la représentation – l'art de représenter les gens, essentiellement – mais qu'est-ce qui fait que les gens peuvent être ainsi re-présentés ? Imagine que tu assistes à un braquage de banque à l'heure du déjeuner et que l'après-midi même un troupeau de journalistes télé afflue afin de t'interviewer pour le journal du soir – journal que tu regardes avec intérêt en rentrant chez toi. Ce qui te permet d'être simultanément sur l'écran et dans ton canapé est le fait que tu as pu être détaché de toi-même ou bien – pour utiliser les termes de Deleuze – rendu différent de toi-même, avec ton toi qui regarde l'image sur laquelle ton autre toi est en train de parler. Cela implique assez clairement que, même quand tu étais en train de donner l'interview, une partie de toi était susceptible d'être transmise à des milliers de téléviseurs, d'être détachée de toi pour une émission, pour te permettre d'être multiplié sur des myriades d'écrans dans tout le pays. Ce qui implique à son tour – et c'est la chute de l'histoire – que durant l'enregistrement, tu n'étais pas exclusivement là : oui, tu étais debout devant le micro et la caméra, répondant au pied levé aux questions des journalistes, mais dans le même temps tu t'absentais de toi-même en silence, te plaçant dans la caméra qui capturait ton visage en train de parler pour en faire un million de reproductions. Si tu avais été absolument présent au moment de l'enregistrement, absolument absorbé dans son ici et maintenant, il n'aurait pas pu y avoir de « plus tard » de cet instant-là – le présent aurait parasité toute ta présence, sans rien laisser aux téléspectateurs. Enregistrer quelqu'un pour la télévision, c'est exploiter ce petit accroc dans le flux normalement ininterrompu de notre présence au monde ; si nous pouvons être représentés, c'est parce que, sur le moment, nous ne pouvons être parfaitement présents. Il en résulte que, lorsque tu regardes des gens à la télévision, tu observes des immortels – non parce que le programme pourrait être répété, ni parce que tu pourrais les regarder même après leur mort (les deux sont vrais), mais parce que, pendant que la lumière de la caméra était rouge, ils se survivaient à eux-mêmes, s'auto-dupliquant aussi efficacement qu'une espèce en voie d'extermination.

Selon les termes de Wim Wenders, représentant, avec d'autres sommités comme Rainer Werner Fassbinder et Werner Herzog, du Nouveau Cinéma allemand, la caméra est donc « une arme contre la misère des choses, leur disparition ». La caméra et l'immortalité vont main dans la main. Certes, Wenders se réfère au cinéma plutôt qu'à la télévision, mais quelle est la différence ? Bien sûr, la télé peut diffuser des films, comme elle peut diffuser des quantités d'autres choses, et c'est en partie sa raison d'être. « Regarder la télé » signifie regarder le monde qui passe et affirmer – même si tu répugnes au porno, aux massacres, aux famines – la perversité polymorphe de la vie. C'est cette étreinte de l'empirique qui place la télé à l'écart du mode hypothétique, comme entre parenthèses, du film, du moins du film qui se joue au cinéma. Comme le prouve l'obscurité de la salle de cinéma, le film tourne le dos au monde, alors que la télé, que tu regardes avec les lumières allumées, ne prétend pas ne pas faire partie de la vie quotidienne. Même si tu regardes un film d'art et d'essai sur ton petit écran, le fait que tu puisses te lever pour te servir un verre ou répondre au téléphone rompt l'illusion d'être en marge de la réalité – illusion créée au cinéma.

Il ne faudrait cependant pas croire que, parce que la télé est à ce point en phase avec le monde, sa relation au monde serait toujours directe. À ce sujet, il n'est pas inutile de faire appel aux idées de deux penseurs distingués qui considèrent toutes les formes de « production culturelle » comme produits d'une idéologie. Ainsi de la télé. Le premier est le marxiste gallois Raymond Williams, pour qui les produits culturels reflètent et démythifient dans le même temps la culture dont ils sont issus.

Par exemple, *Sex and the City*, où Sarah Jessica Parker joue le rôle de chef d'un gang de femmes BCBG – un groupe de bourgeoises autour de la trentaine – poursuivant des formes individuelles de bonheur dans un Manhattan en pleine ascension sociale. Ce feuilleton est arrivé trop tard pour que Williams ait eu la possibilité de s'y attaquer directement, mais il y a peu de doute qu'il célèbre les valeurs de la société dont il est issu, celles de la société de consommation capitaliste : shopping (« oh les belles chaussures ! »), rendez-vous galants (« oh les beaux mecs ! ») et même amitié (« oh les copines géniales ! »), tous ces éléments constituent un luxe essentiel, où les termes de « luxe » et d'« essentiel » ne sont pas en opposition, comme ils l'auraient été selon l'ancien système. Comme si elles revenaient au féminisme des années 1970, tout en le débarrassant de ses aspects politiques, ces filles créent un mode de vie qui mêle le meilleur des deux mondes – c'est-à-dire à la fois l'émancipation sexuelle et l'argent. La série tourne donc le dos à la gêne économique, arguant que la satisfaction d'une fille peut être tirée de la dépense à tout va, garantie par les mâles à faible résolution mais à forte valeur ajoutée qui apparaissent occasionnellement – ce qui transforme les « femmes » en enfants autorisées à se conduire comme des Cendrillons en barbe à papa. Quelque part, à distance, quelqu'un gagne beaucoup d'argent, mais non pas ces dames, qui, comme les femmes de colons modernes, déjeunent simplement à ses frais.

Absolument répréhensible, n'est-ce pas ? Faire de *Sex and the City* un simple agent de propagation des codes bourgeois, qu'il appartiendrait alors au téléspectateur d'intégrer à son mode de vie, c'est s'arrêter à un niveau de lecture superficiel. Pour Williams, les mécanismes de l'idéologie sont rarement aussi transparents. Assurément, face au plaisir sincère que les personnages prennent à consommer, on serait tenté de faire la publicité la mère de *Sex and the City* (là où la sitcom en serait le père). Tout se passe comme si Carrie et ses amies profitaient des coupures de pub pour faire leur shopping, avant de retourner discrètement dans la série. Mais cette course effrénée au sac Hermès et au bon parti ne prend jamais le pas sur le sentiment de solidarité féminine ; on pense notamment au brunch hebdomadaire, qui donne aux quatre femmes l'occasion d'analyser cette culture qui les pousse à consommer de façon compulsive. Il s'agit moins du pouvoir grandissant des filles que d'un féminisme postféministe, les femmes comparant des notes sur la manière d'avancer ses pions sur l'échiquier new-yorkais : sur la modernité à laquelle elles sont confrontées ; et sur l'atmosphère de compétition qui prévaut et menace de défaire leur apparente solidarité.

En d'autres termes, la télévision est peut-être un reflet de la société, mais elle lui donne aussi la réplique, de telle sorte que regarder la télé c'est à la fois être piégé dans cette société et recevoir le mot de passe pour s'en échapper ; quand les commentateurs affirment que la violence à la télé conduit à la violence dans la rue, l'argument peut être renversé : la violence à la télé pourrait être un moyen de traiter ce qui se passe dans le monde extérieur. Marshall McLuhan, cependant, écrivant en même temps que Williams, mais de l'autre côté de l'Atlantique, n'était pas aussi compréhensif. Pour McLuhan, être assis devant *Sex and the City* ne serait pas différent que de tomber sur une émission de jeu ou le bulletin météorologique, car, systématiquement, le but essentiel du contenu est de te faire oublier la forme. « Les sociétés ont toujours été plus influencées par la nature des médias par lesquels les hommes communiquent que par le contenu de la communication », dit McLuhan, qui poursuit en nous expliquant comment l'alphabet, pour prendre un exemple, conditionne notre façon de penser. Les vingt-six lettres constituent un système non pas naturel, mais fait de main d'homme, dont nous ne percevons plus l'artificialité, qui détermine les mots que nous formons, et donc les idées que nous pouvons avoir : si nous n'avons pas de mot pour désigner quelque chose qui est à la fois vrai et faux, ce n'est pas parce qu'un tel phénomène n'existe pas, mais simplement parce que le dictionnaire ne le mentionne pas et que nous ne sommes pas en mesure de considérer cette possibilité. C'est le médium qui commande, d'où le slogan de McLuhan que « le médium est le message » – ou, dans des versions ultérieures, le médium est le *massage*. D'un côté et de l'autre, toi, l'infortuné téléspectateur, tu as, comme une grenouille baignant dans une eau lentement amenée à ébullition, été cuisiné dans l'inconscience la plus totale du médium que tu regardes. Car la vérité est que, quand tu « regardes la télé », tu ne regardes pas la *télé*, tu regardes telle ou telle émission, et si la « diversion » est synonyme de « divertissement », rivé à ton polar, tu perds l'ensemble de l'intrigue. Si tu regardais le médium lui-même, tu pourrais être plus conscient de la manière dont tu es contrôlé.

Le point de vue de McLuhan ne se situe pas aux antipodes, bien sûr, de celui de George Orwell, pour qui la télé était une sorte de drogue. Alors que les nouvelles peuvent te hérisser, une comédie romantique te faire verser des larmes et un match de football te faire sauter au plafond, la fonction première de la télévision peut être simplement de te maintenir devant l'écran, de faire exploser ton énergie en toute sécurité dans ton salon, plutôt que te faire prendre des risques dans le tourbillon politique de la rue. Ce n'est pas tant toi qui regardes l'écran que lui qui t'observe, dans un sinistre renversement de son rôle, comme une caméra de surveillance, le portrait d'un ancêtre qui te suit des yeux, ou les écrans de télé de *1984*. Mais qu'il te regarde ou non, tu trouveras difficile de ne pas le regarder, et nous avons tous été dans des bistrots ou des aéroports où, même si nous nous efforçons d'éviter tout regard furtif vers l'écran, nos yeux ne cessent d'être attirés par lui. Donc la question est : « Qu'est-ce qui rend l'écran si fascinant ? » Considérant que la plupart d'entre nous peuvent marcher, parler, avoir des relations et jouer à des jeux, pourquoi nous trouvons-nous – et pas toujours contre notre gré – si captivés par ce panneau lumineux placé devant nos yeux ? Cela peut-il être parce que l'écran est la maison des images et que les images

a) sont *intrinsèquement* plus attirantes que les autres médias ? Les professionnels de la communication affirment que 80 % de la communication est visuelle et que si tu assistes, disons, à une conférence – qui est non seulement verbale, mais à sens unique – tu en retiendras 20 % au grand maximum. Il y a plusieurs précurseurs de la télé – livres d'images, zootropes, le cinéma lui-même –, mais tu pourrais soutenir qu'il est possible de remonter jusqu'aux vitraux des églises. Confronté à une assemblée de fidèles majoritairement illettrés, avec la mission de leur inculquer certains principes, quel meilleur moyen y aurait-il que ces images dramatiques aux couleurs criardes et transparentes racontant des histoires de salut personnel ? Sans le voile des mots pour en assourdir l'effet, les images, brûlant entre les nervures de plomb, peuvent aller se graver directement dans l'âme.

b) excitent le désir ? Si nos fantasmes intérieurs s'expriment plus en images qu'en mots ou en sons, c'est plus l'écran que, disons, la radio, qui devrait leur fournir leur abri naturel dans le monde extérieur. En d'autres termes, la télé est mieux à même de reproduire ton propre jardin intime de visions délicieuses ou de produire des images que tu pourrais faire entrer clandestinement dans ce jardin pour ta jouissance personnelle.

c) se présentent elles-mêmes à un rythme qui rime avec le tien ? S'il y a une affinité, voire une identité, entre tes images intérieures et celles qui passent à l'écran, on conçoit que la tâche de produire ces images soit partagée entre lui et toi. Parfaitement synchronisées avec ce paysage intérieur, les images de la télé pourraient te libérer d'une certaine dose de travail psychique, comme si elles travaillaient ton cycle de MOR (mouvements oculaires rapides) à ta place.

Tout ce discours sur les images néglige cependant le fait que, quand tu regardes la télé, tu ne fais pas que la regarder, tu l'écoutes aussi. C'est après tout de l'*audio*visuel, et si tu devais retirer la partie audio, il te resterait quelque chose de moins que la télé. La clé de cela, c'est la voix du présentateur, la voix qui fait le lien entre les programmes, ou celle qui lit les nouvelles – quand la voix des nouvelles représente en réalité la voix de la télé elle-même. Alors que les images qu'elle commente peuvent être extrêmes, cette voix télévisuelle archétypale est presque toujours « normale », neutre, dépourvue de toute menace, voire sans marque de classe sociale, et ce ton de la voix de la télé appartient à un projet démocratique plus large. En se faisant aussi neutre que possible, cette voix essaye de ne pas interférer avec ce que tu regardes et donc renforce le rôle de la télé en général, qui implique de faire endosser au spectateur la robe du juge, la cour assemblée dans son fauteuil, le laissant ainsi seul maître du commentaire sur ce qu'il voit. Car le plus proche parent de la télé parmi les machines, ce n'est pas le projecteur de cinéma ni l'ordinateur, mais le polygraphe, c'est-à-dire le détecteur de mensonge. Regarder la télé, c'est se voir donner la chance d'évaluer la véracité, l'intégrité, la sincérité de ce que tu regardes, et même quand il n'y a pas de son du tout, il est fort probable que tu aies quand même un avis sur la question. En fait, retirer le son peut rendre ce travail d'appréciation encore plus précis : sans la distraction des décibels, tu peux te concentrer sur les signes inaudibles – les « signes » ou les « éléments révélateurs » qui trahissent le méchant, tels que des lèvres pincées, les battements de paupières prolongés, des gouttes de sueur – dans un documentaire ou une fiction. Et parce que, comme dans un tribunal irrégulier, les gens sur l'écran ne peuvent pas répliquer, qu'il n'y a pas de critiques qui t'obligeraient à démontrer ton point de vue, tu peux te laisser aller au plaisir, en soi gratifiant, d'une opinion qui ne soulève aucune contestation.

Naturellement, tout cela, ou l'essentiel, s'applique au cinéma ; la différence est que l'espace clos du cinéma interdit le genre de commentaire bruyant que la télé permet, voire encourage. Là où le cinéma signifie être privé en public, la télé signifie être public en privé. Donc, s'il s'agit de démocratie, s'il s'agit de justice populaire, regarder la télé en est une variété tout à fait minable, digne d'une république bananière. Comme des fans obèses qui aboient sur les arrières pour qu'ils courent plus vite et dégagent le ballon, les spectateurs, devant leur télé, jouissent de toute l'autorité de jugement sans aucune des responsabilités qu'une démocratie adulte y adjoindrait. C'est précisément pourquoi il est si séduisant de regarder la télé. Rien d'étonnant à ce que ceux dont le boulot est de commenter les programmes suscitent l'envie : cette absence de responsabilité n'implique-t-elle pas que regarder la télé ne peut pas être considéré sérieusement comme un travail ? C'est même l'essence de la paresse : tu es non seulement encouragé à formuler des jugements sur les autres, mais tu peux même le faire avec tes pieds sur la table, ton dîner décongelé sur un plateau et une bière fraîche à côté de toi.

Cette activité à part entière, réconfortante et confortable, va avec l'usage de la télécommande – le gadget indispensable de la vie moderne. Depuis l'âge de pierre, et probablement longtemps avant, ce qui distingue l'espèce est son intelligence, l'intelligence étant la capacité à dépasser les limitations naturelles en employant les moyens du bord – un rocher pour frapper une noix de coco, une bande d'écorce pour écraser un moustique, un bouquet de feuilles de palmier pour balayer les cendres du sol. Et quoique chacun de ces matériaux – la pierre, le bois, la feuille – soit naturel en soi, il devient, quand il est utilisé comme un accessoire par l'homme à l'état de nature, quelque chose d'opposé à la nature : un outil, une technologie. Mais ces technologies ne font pas qu'assister l'humain comme *homo faber* – elles laissent loin derrière elles la productivité humaine qui, pour exécuter la même tâche, aurait mis deux fois plus de temps. Contrôler quelque chose à distance, même à l'âge numérique, c'est poursuivre cette logique d'effet de levier, qui permet d'assurer un retour disproportionné à l'effort investi ; et le ratio de retour sur investissement n'est nulle part plus grand que dans la télécommande du téléviseur, qui, grâce à une simple chiquenaude des muscles du pouce, peut faire tournoyer l'activité de la planète tout entière devant tes yeux et ton corps immobile.

Si l'intelligence elle-même est naturelle à l'humain et qu'elle signifie, entre autres, créer et exploiter des technologies, alors utiliser une télécommande est, en un certain sens, une activité complètement naturelle, qui révèle la connexion ancienne, sinon innée, de l'être humain avec la technique. Il vaut donc mieux penser la télécommande moins comme un machin que comme une prothèse, une extension littérale de la main, qui complète une action que les êtres humains ont inaugurée il y a des millions d'années. Regarder la télé serait alors considéré non pas comme le plaisir coupable que l'on a à absorber une bouillie d'images recyclées à destination d'un public imbécile, mais un rappel de la maîtrise technologique qui a commencé avec l'origine de l'espèce. Retourne donc t'avachir sur ton canapé et allume le poste – regarder la télé démontre simplement à quel point tu es intelligent.

XIV

CUISINER ET DÎNER

À l'exception possible de l'esperanto, toutes les langues contiennent des impuretés, chacune étant le produit d'invasions, d'innovations, de métissages et d'accidents. C'est vrai plus que pour toute autre langue pour l'anglais, une vraie bouillie pour chats d'anglo-saxon, d'allemand, de latin, de grec et de français, pour ne rien dire d'emprunts venus d'ailleurs on ne sait trop comment : « échec et mat » (« le roi est mort » en persan), « palabre » (du portugais *palavra*, « mot ») ou char (du mot chinois signifiant « thé »). Il est donc tout à fait cohérent que la première pierre de la littérature anglo-saxonne soit le chant épique en vers *Beowulf* – qui n'est pas vraiment écrit en anglais, parle d'un guerrier suédois et se passe au Danemark.

Écrit par un auteur aujourd'hui inconnu, à une date elle aussi perdue dans les âges obscurs, le mystère latent de l'origine de ce texte trouve son parallèle dans le sujet dont il traite. Dans une atmosphère de menace diffuse, où rien n'est certain si ce n'est l'incertitude elle-même, le héros éponyme se bat contre une créature qui, bien avant que DC Comics n'ait inventé la Créature du marais, était son prototype : un horrible amphibie appelé Grendel surgissant des ténèbres de l'hiver, les crocs dehors, pour assiéger Beowulf et ses preux camarades. Au milieu de ce gothique lugubre, cette œuvre glaçante décrit le combat entre la civilisation naissante des guerriers, telle qu'elle est exprimée dans leurs traditions, et les effets arriérés et vengeurs de la nature, incarnés par le monstre. Ce qui, comme dramaturgie, n'est guère remarquable : cela se réduit à manger ou être mangé.

Grendel, dont le nom évoque à lui seul les plaisirs de la mastication, est un démon doté d'une faim carnivore. Voici l'un de ses repas les plus typiques :

> Aussitôt, pour commencer, il saisit un guerrier endormi
> et le déchira férocement jusqu'au plus petit morceau d'os,
> but le sang qui ruisselait,
> et l'engloutit petit à petit…

Comme le personnage de Richard Dreyfuss le dit du requin dans *Les Dents de la mer*, Grendel est une parfaite machine à manger, et, comme le fameux aileron, il sert de mesure de la valeur de sa proie ; la seule différence est que là où le fléau de l'Île de l'amitié opère en silence et à la dérobée, l'ignoble griffon est un envahisseur doté d'un appétit autrement féroce. Mais si le monstre est un cannibale de façon constitutive, les hommes qui composent son régime sont définis par le fait qu'ils banquettent dans la taverne qui est l'épicentre de leur univers ; quand ils n'évoquent pas leurs ancêtres et leurs hauts faits, les hommes mangent ou sont mangés. Car manger, tout comme le rituel qui l'accompagne dans le réfectoire qui étincelle tel un joyau dans la nuit, est le marqueur de leur culture, une manifestation de la beauté de leur société asservie par la bête. En se réunissant pour le souper, ils affirment leur appartenance commune à une culture qu'un adversaire menace de leur arracher et de piétiner. Si, pour Grendel, manger a trait au pouvoir, pour les hommes c'est une question d'identité – le fait de rechercher, au risque d'avoir leurs fesses mordues par le démon, le plus haut point de la chaîne alimentaire.

Cela rejoint l'ambivalence qui est au cœur du fait de se nourrir – est-ce un signe de barbarie ou de civilisation ? Quand tu attaques ton escalope de poulet, es-tu en train d'afficher tes origines animales ou, au contraire, de marquer la distance que tu as prise par rapport à elles ? Pour répondre à la question, tu pourrais te tourner vers *Le Cru et le Cuit*, le célèbre ouvrage de l'anthropologue français Claude Lévi-Strauss, qui affirme que ce n'est pas ce que l'on mange qui détermine notre niveau de civilisation, mais le fait de cuisiner et, en particulier, le fait de cuire ou non sa nourriture. Alors que le cru est associé à la sauvagerie, au primitivisme et à la violence, le cuit représente son contraire – la civilisation, la sophistication et les relations sociales. C'est un schéma que *Beowulf* met clairement en scène avec Grendel – et cette sorcière encore plus rapace qui lui sert de mère – qui préfère les hommes crus alors que ceux-ci, confirmant leur supériorité, optent pour la version cuisinée. Quand tu fais cuire ton dîner, tu ne fais pas que transformer des ingrédients crus par la cuisson, tu montres à quel point les humains ont été culturellement préparés – et à quel point tu as toi-même dominé le cru dans lequel tu es né.

Pour Lévi-Strauss, toutes les cultures fonctionnent sur de telles structures binaires – donner et prendre, ami et ennemi, sacré et profane –, la paire cru/cuit possédant un poids particulier en ce qu'elle définit la différence entre des cultures cultivées et celles qui sont toujours « arriérées » – ce qui dans les faits signifie qu'elle définit la culture en soi. Et si son insistance sur la puissance structurante de telles oppositions faisait de Lévi-Strauss un « structuraliste », ce n'est pas parce qu'il pensait que les sociétés *développaient* de telles structures ; c'est plutôt le contraire : c'est quelque chose comme des lois, mais en plus primaires, des structures qui déterminent les sociétés. Les compagnons de *Beowulf* n'étaient pas les auteurs de leur mode de vie – c'est la polarité archétypale du cru et du cuit qui donnait aux guerriers l'idée, toute subconsciente, qu'il y avait un choix à faire entre les deux options. Alors ils se sont rangés du côté « cuit » de l'équation, et cet alignement a donné naissance à un sentiment d'identité. Ce n'est pas différent de la façon dont les gens choisissent leurs opinions politiques ; tant que tu ne sais pas qu'il y a un choix entre la gauche et la droite, tu n'es pas très sûr de savoir où vont tes sympathies ; mais lorsque tu le sais, tu fais un choix, et ensuite tu te considères comme conservateur ou comme socialiste. Aussi longtemps que les guerriers continuent de banqueter et les monstres de réclamer leur sang à grands cris, leur cosmos conserve son équilibre.

Mais si de telles structures donnent à l'anthropologue passionné un passe-partout pour déverrouiller des sociétés sinon impénétrables, elles ne sont pas dépourvues d'ambiguïté. Pour commencer, le cru et le cuit ne sont pas de purs contraires – une carotte bouillie est la même carotte que quand elle était crue ; même quand elle est transformée par la cuisson, sa nature subsiste. Mais le cru et le cuit ne peuvent être associés sans qu'un troisième terme – le pourri – les infecte. Car quoiqu'il y ait quantités de prohibitions culturelles concernant ce que tu peux manger – la viande interdite pour des raisons religieuses (porc ou bœuf), l'alcool réservé aux initiés (vin Manischewitz ou vin de communion) ou aliment réservé au monarque (la venaison, par le passé, ou le cygne) –, la pourriture, parce qu'elle est naturelle, établit une frontière plus décisive. Que tu cuises ou non quelque chose de cru, il finira par s'avarier, et sa pourriture deviendra vite le contraire de la culture.

Vraiment ? La « pourriture » a son raffinement propre, nulle part plus visible que dans le nom du vin allemand « Noble Rot », dont les raisins sont vendangés si tard qu'ils sont moisis. Dans le jeu de la culture, un degré de putréfaction – le coq de bruyère qu'on laisse faisander, le camembert qui coule, le durian et son odeur particulière – peut dépasser le simplement bien fait, parce que le pourri appartient à l'esthète, là où le cru et le cuit sont des catégories précieuses pour l'anthropologue. Citons les mots d'Anthelme Brillat-Savarin, vers qui nous reviendrons à la fin du chapitre : « Le point désirable est celui ou le faisan commence à se décomposer. » Quelquefois, ce n'est pas la maturité, mais le stade au-delà qui fait tout et qui en dit long sur tes goûts.

« Goût » est dans ce contexte un mot trompeur. Cuisiner et manger un repas impliquent bien sûr le goût aux deux sens du terme, et l'on pourrait sur ce thème brièvement consulter, comme Lévi-Strauss, son compatriote, Pierre Bourdieu qui s'extirpa de ses origines humbles de fils de postier pour devenir l'un des plus grands universitaires de la scène française. Intéressé principalement par ce qui motive les activités culturelles, Bourdieu montre que le « goût » a peu à voir avec ce qui est communément défini comme tel – l'aptitude à faire des choix pertinents en matière esthétique. Si, quand tu prépares une salade, tu préfères faire ta sauce non pas avec du vinaigre de supermarché, mais avec le vinaigre balsamique vieilli en fût que tu as sélectionné dans un petit domaine près de Modène, ce n'est pas que tu as un goût plus sûr. Non, tu affirmes simplement ton niveau de « distinction » – c'est-à-dire que tu marques une différence de classe et confirmes que tu appartiens à une certaine catégorie sociale que, pour des raisons qui t'appartiennent, tu juges supérieure.

Et l'exemple du vinaigre vieilli en fût, quoique n'étant pas bourdieusien, est éloquent, parce qu'une fois encore il suggère qu'être « cultivé » implique souvent de choisir des choses à manger qui sont, sinon effectivement pourries, du moins à un stade avancé de maturation. Il est concevable que de tels choix correspondent à ce qu'Edward Said, un critique distingué de la culture occidentale, appelait le « style tardif » : le phénomène par lequel l'œuvre d'art produite dans les années de maturité de son créateur acquiert une profondeur et une subtilité qui non seulement dépassent celles de ses œuvres de jeunesse, mais touche au sublime. Qu'il s'agisse de la Grande Fugue en si bémol majeur de Beethoven, dont parle Said, ou bien d'un Château-Yquem millésimé, la « tardiveté » est synonyme de complexité sans précédent qui, au lieu de troubler son identité, l'intensifie.

Malgré ces arguments cependant, cette esthétique de la maturité super-saturée a un opposé tout aussi convaincant : ne pas cuire du tout, mais offrir le cru peut aussi tout autant révéler ton degré de culture. Cela laisse entendre que l'idée de servir la viande saignante devient plus évidente dans le *ceviche* (là où des coquilles Saint-Jacques ou du thon, disons, sont « cuits » dans du jus de citron) et complètement explicite pour l'huître du Pacifique, le sashimi de sériole du Japon, le caviar beluga, le carpaccio d'autruche ou le tartare d'agneau – dont aucun ne demande un luxe de préparation au-delà du dressage de l'assiette. Ici, c'est dans la non-cuisson que réside la sophistication – et, si tu peux te procurer les ingrédients, c'est un bon moyen de donner un dîner de fête avec un impact maximum pour un minimum d'effort. Tandis que des restaurants historiques comme El Bulli s'enorgueillissent de prétentions alimentaires mettant en vedette le cuir, le nitrogène liquide et la peinture extraite de la pistache, les étoiles du Michelin vont aujourd'hui tout autant aux ingrédients à l'état brut et sans chichis – homard du Maine poché avec des mini fèves du potager servies crues, ou bœuf de Kobe grillé accompagné d'un peu de raifort frais râpé.

Cela dit, la sophistication qu'implique le fait de servir et de manger de la chair crue ne masque jamais tout à fait l'horreur sous ses serviettes amidonnées. On ne peut nier les horreurs associées aux nourritures cuites, comme le veau, dont l'éclat pâle est dû à l'enfermement de l'animal dans un box exigu ; le foie gras, qui nécessite de gaver l'oie pour faire grossir son foie ; et surtout l'ortolan, si maltraité. C'était l'amuse-bouche illicite qui figurait au dernier souper de François Mitterrand – illégal parce que la préparation et la consommation relèvent presque de la cruauté aztèque. L'ortolan – un bruant de la taille d'un moineau – est piégé et enfermé dans une boîte sans fenêtre pour être nourri de figues ; quand il a engraissé, il est littéralement noyé dans de l'armagnac, ses minuscules poumons inondés d'âpre liqueur. Une fois mort, il est plumé, rôti et servi entier – les os, les entrailles –, seule sa tête doit être laissée ballante au-delà des lèvres de celui qui le mange. Cette pratique est si barbare que les dîneurs s'appliquent à la dissimuler, chacun prenant une serviette qui couvre non seulement la poitrine, comme le ferait un bavoir, mais la tête tout entière, tel un capuchon – cachant ainsi le honteux coup de dents et l'ingurgitation qui s'ensuit aux autres mais aussi au regard désapprobateur de Dieu. Tout cela donne à penser que, de la même manière que le fait de servir un aliment mûr à l'excès ou carrément cru peut exprimer ton degré de culture ou le niveau de ton talent artistique, la cruauté peut manifester ton raffinement. Dans tous les cas, ce qui importe c'est d'adopter une position extrême et d'être à un coin du triangle – cru, pourri ou impitoyable – pour montrer combien tu es éloigné de ces paysans qui ont fait des choix bien plus tièdes.

De telles extrémités de sophistication trouvent cependant leurs limites dans le cannibalisme – avec quelques exceptions notables. L'une de ces exceptions pourrait être *Le Cuisinier, le voleur, sa femme et son amant*, film dans lequel un gangster glouton brutalise son studieux rival pour l'amour de sa femme. Alors que le gangster se gave de plats de plus en plus fantaisistes dans son restaurant favori, sa femme et son rival font l'amour dans les toilettes au cours du repas. Inévitablement, les choses tournent au vinaigre : le mari tue son rival en lui enfonçant des livres dans la gorge – l'obligeant, au sens propre, à ravaler ses mots – pour se voir ensuite mis en demeure par sa femme de manger le corps de son amant, rôti à la perfection par le chef du restaurant. Tu remarqueras que le gangster et l'universitaire représentent chacun un extrême du spectre du « manger », qui va de la barbarie à la civilisation ; et pourtant, dans les toilettes, qui ressemblent à une écurie, l'accouplement plus civilisé de la femme et de l'amant révèle, en partie, leur nature animale – c'est pleinement le cas quand l'amant est glacé et servi à table comme on le ferait d'un cochon rôti. Au point culminant de cette tragédie de la vengeance, la femme, en servant à son mari le plus délicat des mets conclut la journée érotico-gastronomique que celui-ci a ouverte, brisant ainsi – et nous sommes là bien au-delà des ortolans – l'ultime tabou.

Quoique le film de Peter Greenaway trouve son équivalent dans *Le Silence des agneaux*, dans lequel Hannibal Lecter, « le cannibale », contrebalance sa propre barbarie en ayant l'idée de servir le foie humain avec « un chianti très fin », le fait pour un homme de manger un autre homme est en général considéré comme l'acte le plus dépravé qui soit, la perte de la grâce. Même dans un canot de sauvetage en perdition, cette option-qui-n'en-est-pas-une – s'en prendre aux plus faibles pour leur chair – ne peut jamais être mise en œuvre sans la culpabilité durable du survivant et une blessure infligée à son humanité, un péché qui pourrait rester à jamais non digéré ; même dans *La Route* de Cormac McCarthy, la dernière ligne de civilité dans une civilisation dévastée est celle qui sépare ceux qui, dans leur désespoir affamé, mangent les autres et ceux qui ne les mangent pas. Pour Lévi-Strauss, le cannibalisme fait même la paire avec l'inceste, mais pas pour des raisons morales, comme l'on pourrait s'y attendre : de même que tu ne peux pas procréer au sein de ta famille sans nuire à son expansion économique ou engendrer des malformations, de même le cannibalisme est-il une disposition à courte vue qui réduit les capacités disponibles et qui, sur le long terme, détruit la race humaine – ce qui fait de l'inceste et du cannibalisme les équivalents du suicide à l'échelle de l'espèce, ou ce qu'on peut appeler sui-génocide. Là encore, c'est l'aspect structurel qui compte ; indépendamment de la morale, le cannibalisme est une pratique autolimitatrice qui conduirait, à terme, à la disparition des sociétés.

Tout ce discours sur le charnel perturbera cependant sûrement le végétarien, et si tu préfères les lentilles à l'agneau, le tofu au pavé de Salers, tu peux avoir un avis différent. Alors que le plus célèbre végétarien du monde fut Adolf Hitler, cet assoiffé de sang absolu, ce fut son antithèse du siècle précédent, le romantique révolutionnaire Percy Bysshe Shelley, qui fut l'apologiste le plus éloquent des végétariens :

> Il est évident que ceux qui [...] se jouent du caractère sacré de la vie, et pensent avec légèreté aux angoisses des êtres vivants, ne sont pas faits pour la bonté et la justice exigées pour satisfaire aux nécessités de la société civilisée. Ils sont nécessairement brutaux, grossiers, turbulents et sanguinaires. Leurs habitudes représentent un admirable exercice d'apprentissage du plus grand étalage de méchancetés de la guerre, dans laquelle les hommes sont engagés pour massacrer et tuer leurs semblables par milliers, pour le plus grand profit des tyrans et des nations. Comment peut-on attendre d'un homme familier du carnage, de l'angoisse et des plaintes, qu'il reste sensible aux inclinations pleines de bonté de notre nature ? La seule vue des animaux qui sont destinés à la hache dans les champs ne peut que favoriser l'endurcissement si elle n'éveille pas à la compassion. La boucherie d'animaux sans défense ne peut manquer de produire l'essentiel de cet esprit de folie et d'exultation hideuse dans lequel la nouvelle d'une victoire est aussi liée au fait qu'elle est obtenue par le massacre d'un millier d'hommes.

En faisant appel à la sacralité de la vie, Shelley, qui fut exclu de l'université pour athéisme, adopte la croyance religieuse, soutenue surtout par les hindouistes et les bouddhistes, selon laquelle un animal est doté d'une âme, une croyance qui a préparé le terrain à des considérations plus proches de nous sur les droits dont il pourrait jouir. Dans les deux cas, l'animal possède un patrimoine intangible et inné dont il ne doit jamais être privé, et en particulier par les humains, qui possèdent le même pour une bonne part. Ce qui revient à dire que tuer un animal est un acte contre nature, vu le continuum que Shelley établit entre l'abattage des animaux et le massacre d'êtres humains. Malgré cette parité approximative entre l'humain et l'animal, Shelley paraît s'intéresser davantage à la protection du premier. C'est le fait que la violence de l'homme envers les bêtes puisse se développer dans les rapports entre humains qui rend cette polémique non pas seulement végétarienne mais – et là est le contraste fondamental avec le Führer – pacifiste. Le message est que les animaux ont une dignité et que cuire de la viande vous rend bestial – c'est-à-dire plus animal que l'animal.

Mais qu'il s'agisse de viande, de légumes ou des deux, il n'y a guère à attendre d'un souper, à moins d'utiliser une certaine méthode de cuisson particulière, et en cela il y a un choix de plus en plus net entre la conserve et le cordon-bleu. Alors que la culture du « dring ou ping » (appelle le livreur de pizzas ou mets en route le micro-ondes) est en plein essor, extension logique du repas-dans-un-comprimé du cosmonaute, il y a une résurgence symétrique de la cuisine à la maison ; parmi les espaces jusque-là réservés aux professionnels qui ont, par le truchement de Wikipédia et des blogs, été ouverts à l'amateur, il y a la cuisine, où le maître-queux domestique est invité à imiter le gourmet. Une bonne part du succès réside dans la technique – hacher un oignon sans toucher à la racine, émulsionner un œuf avec de l'huile de telle sorte qu'ils se mélangent bien, faire rôtir des gousses d'ail avant de les écraser –, mais c'est plus affaire de philosophie. Les cuisiniers les plus enthousiastes décrivent souvent leurs préparations culinaires comme une « thérapeutique » et, ce faisant, font cause commune avec des traditions de vie contemplative aussi anciennes que les habitudes monastiques de cultiver son herbarium, de brasser de la bière et d'éplucher des produits frais dans le silence communautaire. En un certain sens, cuisiner c'est philosopher, soit parce que tu mets à profit le temps utilisé à nettoyer un potimarron pour réfléchir, soit parce que ta dissection du poivron, ton désossage du poulet, ton découpage du maquereau en filets te montreront l'anatomie des choses, dévoileront leur fonctionnement interne, que tu pourras observer et approfondir. Cette qualité analytique liée à la préparation des aliments se retrouve ensuite dans leur cuisson qui est, comme la philosophie, la transformation d'une intuition confuse en un concept clair, une réitération qui conduit à une création digérable par d'autres. En devenant un plat cuisiné, les ingrédients reçoivent une signification : quand tu prépares le dîner, tu parcours toute la gamme allant de leur découpage, froidement chirurgical, à leur recombinaison par le feu, dans un processus où tu articules et redéfinis la relation qu'ils entretiennent les uns aux autres, comme s'ils étaient des concepts à la recherche d'une thèse.

C'est un courant de pensée qui remonte au début du XIXe siècle, avec la *Physiologie du goût ou méditations de gastronomie transcendante, ouvrage théorique, historique et à l'ordre du jour, dédié aux gastronomes parisiens par un professeur, membre de plusieurs sociétés littéraires et savantes* de Brillat-Savarin, où cuisine et philosophie sont combinées de façon aussi satisfaisante que des pêches et de la crème. Il se trouve que son dernier chapitre décrit « une journée avec les moines de Saint Bernard ». Mais peut-être le dernier mot devrait-il ici aller au poisson, dont la consommation est connue pour améliorer l'intelligence et auquel Brillat-Savarin consacre la « Réflexion philosophique » suivante :

> Le poisson, pris dans la collection de ses espèces, est, pour le philosophe, un sujet inépuisable de méditation et d'étonnement.
>
> Les formes variées de ces étranges animaux, les sens qui leur manquent, la restriction de ceux qui leur ont été accordés, leurs diverses manières d'exister, l'influence qu'a dû exercer sur tout cela la différence du milieu dans lequel ils sont destinés à vivre, respirer et se mouvoir, étendent la sphère de nos idées, et des modifications indéfinies qui peuvent résulter de la matière, du mouvement et de la vie.
>
> Quant à moi, j'ai pour eux un sentiment qui ressemble à du respect, et qui naît de la persuasion intime où je suis, que ce sont des créatures évidemment anti-diluviennes. Car le grand cataclysme qui noya nos grands oncles vers le XVIIe siècle de la création du monde, ne fut pour les poissons qu'un temps de joie, de conquête et de festivité[1].

1. Jean Anthelme Brillat-Savarin, *Physiologie du goût*, Paris, A. Sautelet, 1826, p. 178.

XV

ALLER À UNE FÊTE

> Personne ne sait où mon Johnny est parti
> Mais Judy est partie en même temps que lui…
> Et pourquoi dans sa main tenait-il la sienne
> Alors que c'est la mienne qu'il aurait dû tenir ?

Ce sont les premiers vers de « It's My Party », le tube de 1963 produit par Quincy Jones. Quelque bref et mièvre soit-il – et consciemment naïf, si ce n'est pas une contradiction dans les termes –, il contient une leçon parfaite de philosophie, de psychologie et de politique.

Clairement, la fête ne s'est pas déroulée selon le plan prévu. La chanteuse – appelons-la Lesley d'après l'artiste, Lesley Gore, qui a rendu le tube célèbre – a invité son petit ami Johnny à une fête, avec ce résultat qu'il a disparu avec Judy qui, ayant été aussi invitée, devait être une de ses amies. La trahison la plus odieuse est le sujet de la chanson, la solitaire Lesley subissant un double coup dur, humiliée non pas par une mais par deux personnes – deux personnes, qui plus est, auxquelles elle croyait pouvoir faire confiance. Donc la relation de Judy et Johnny brise celle qu'ils entretenaient avec Lesley, même s'ils en ont maintenant une l'un avec l'autre : main dans la main, ils forgent un nouveau lien (le fait de joindre les mains, qu'il s'agisse d'une poignée de mains ou de l'entrelacement des doigts d'amants, est le symbole le plus constant de la confiance). Grâce à l'arithmétique de l'amour qui fait que trois divisés par deux en laisse un en reste, le nouveau couple remplace l'ancien, rejetant Lesley, le motif central de la fête s'évanouit dans le lointain, sacrifié aux ambitions romantiques de deux camarades jusque-là appréciés. Dans un moment nous examinerons ce type de comportement machiavélien avec Machiavel lui-même, et nous regarderons la politique de l'amitié telle que décrite par Montaigne ; mais tout d'abord, un mot sur la consternation et le chagrin de Lesley, sur le fait de pleurer à une fête que tu as toi-même organisée.

Si ses espoirs ont été anéantis et ses plans pour la fête partis à vau-l'eau, ce n'est pas entièrement dû aux intentions égoïstes des furtifs nouveaux amants. Au départ, Johnny et Judy ont seulement, comme Johnny et Lesley avant eux, été ensorcelés par une attirance trop puissante pour que leur jeune cœur y résiste. Dans le choc subi par Lesley devant leur forfait odieux il y a, peut-être implicite, la compréhension que la marée de l'amour monte aussi vite qu'elle reflue, qu'elle entraîne les individus à son gré, qu'elle est plus forte que les efforts qu'ils font pour lui résister. Plus révoltant encore est le fait que Lesley a elle-même favorisé ce déferlement en décidant d'organiser cette fête : une fête ouvre grand les portes à un courant imprévisible, ses invités sont tout prêts à être emportés par la confusion des possibles, dans de nouvelles connexions ou des combinaisons étranges, ou dans les tourbillons de la séduction qui les font se tourner autour, en pleine quête sociale ou sexuelle.

En d'autres termes, la fête tourne mal parce que le dieu des fêtes n'est pas assis sur le trône de la nécessité mais sur celui du hasard – pour utiliser la grande division dont nous avons hérité des Grecs anciens. Ce qui est une partie de la question. Aller à une fête signifie que l'on s'attend à la suspension des règles normales, à rompre la routine, à s'embarquer dans une aventure d'un soir où tout ne sera pas programmé à l'avance. Ce n'est pas dire que, question protocole, les fêtes n'aient pas leurs propres règles – comment s'habiller, à quelle heure arriver, ce qu'il faut apporter, à quelle heure partir – mais que, au-delà des convenances évidentes, l'esprit de la fête demande que ces règles soient assouplies, permettant ainsi au hasard d'être le bienvenu après le franchissement du seuil. On doit tolérer un certain relâchement, un bouleversement des habitudes qui encadrent la semaine de travail, ou la fête devient pénible ; et quand, à l'occasion, les conventions étouffent l'esprit – un repas de noces où le plan de table empêche la rigolade et où un corsage trop échancré peut gâcher la soirée –, la fête se dégrade en une galerie de sourires forcés et de grincements de dents. Le plus triste exemple de fête qui soit est sans conteste celui de la fête organisée par une société de rencontres sans âme, dont le paroxysme, comme dans toute fête de célibataires, se produit au moment de l'échange des numéros, sa finalité n'étant pas l'amour mais l'argent.

Et pourtant même ici, au milieu des badges portant un nom tapé à la machine, cet esprit de rencontre fortuite prévaut : le rassemblement entre individus ne peut avoir été parfaitement planifié – exactement ce dont la pauvre Lesley a été la victime. On peut l'imaginer tout au long des journées qui précédaient la fête, se la représentant, dirigeant dans sa tête les invités comme des acteurs, dansant avec Johnny pour exciter la jalousie de ses copines et échouant irrémédiablement à comprendre à quel point le génie de la fête sourit aux rencontres non sollicitées, à quel point la recombinaison de personnes, le mouvement brownien des corps, le tourbillon de la curiosité humaine, tout conspire contre ses plans les mieux établis. Des larmes, il est dit qu'elles comptent parmi les rares fonctions biologiques sans lien avec le processus de l'évolution – à l'exception des larmes de crocodile, feintes pour prendre l'avantage, elles constituent une expression pure, et sans contenu ; les larmes de Lesley sont les sécrétions du hasard, de sa cécité devant son caractère aberrant, et elles lavent ses yeux d'adolescente dans une cuisante douleur rétrospective. Alors qu'organiser la fête chez elle aurait dû lui permettre d'avoir, non pas moins, mais plus de contrôle sur les événements, Lesley se trouve elle-même débordée par le sort, un résultat qu'elle essaye de compenser en partie par le pathétique. Si elle ne peut rien contre les actions de ce mufle de Johnny et de cette vache de Judy, le fait qu'elle soit l'hôtesse de la fête lui donne plus de latitude que n'en aurait un autre invité dans sa manière de réagir. Les larmes sont une forme de défi, ironique, une manière de profiter de la prérogative de celle qui invite : c'est sa fête, et elle pleurera si elle le veut.

On peut comprendre qu'elle se mette à pleurer comme un veau (tu pleurerais aussi si cela t'arrivait), mais une Lesley en larmes, en termes machiavéliens, c'est une honte. Se mettre elle-même, victime des ruses du hasard, en situation de tomber dans les machinations ourdies par ses amis les plus proches n'était pas très fin, mais voir son propre statut si publiquement ruiné est, nous le verrons, impardonnable. Tu pourrais dire que c'est injuste – que, pour leur déloyauté, le blâme devrait aller à Judy et Johnny –, mais dans le livre de Machiavel, c'est à Lesley que la responsabilité incombait. La seule chose de bien qu'elle ait faite, en réalité, c'était de concevoir la fête comme une occasion de déployer son capital symbolique tel qu'incarné dans la relation avec Johnny. C'était louable, parce que, si elle avait été capable de ne pas se laisser abuser, la position de Lesley aurait été consolidée, l'alliance avec Johnny construisant son rang et son influence sociale, et réduisant ainsi la vulnérabilité naturelle à cette jeune femme. Ayant manqué de cet éclair de lucidité stratégique, Lesley a perdu la partie. N'allons pas croire qu'une fête puisse jamais être une innocente partie de plaisir, nous dirait Machiavel, parce que, exactement comme on n'a rien sans rien, il n'y a pas de fête sans politique : il n'y a aucun moyen de réunir des gens qui ont des choses en commun sans qu'un certain niveau de tension vibre à travers la pièce.

Quoiqu'il fût, de son avis même, un diplomate chevronné, et donc plus qu'au fait des subtilités des événements sociaux, Machiavel n'a jamais rien écrit sur les fêtes en tant que telles ; mais son fameux pamphlet, *Le Prince*, offre un manuel sur la façon de maintenir sa position dans un environnement sociopolitique dont la fête constitue la parfaite réduction. Tu pourrais même dire que, si le centre d'intérêt principal de Machiavel est la cour du prince, la fête représente un bal de cour, ici avec Lesley dans le rôle de la princesse, une reine de la fête qui tombe de son royal piédestal jusque dans les profondeurs humaines, trop humaines, de l'abattement. Si elle avait lu Machiavel, elle aurait su que la tâche principale d'une princesse est de *mantenere lo stato* – c'est-à-dire de défendre son statut et de garder sa position intacte – car quand, comme un prince, tu es au sommet, le seul risque est de tomber. Lorsque tu organises une fête, c'est l'objectif auquel Machiavel te conseillerait de donner la priorité, et cela exige que tu te défasses de toute croyance enfantine sur le fait que les fêtes sont choses triviales, à peine plus qu'un hédonisme sans objet précis qui se déroule en dehors du temps politique, ou qu'elles occupent une niche découpée dans la vie quotidienne pour ses moments perdus. Car loin d'être à la marge du travail de la semaine, elles en sont l'ancre.

Pense, par exemple, aux scènes qui ouvrent ce film qui se présente presque comme un héritier direct de Machiavel, *Le Parrain* : alors que la fête bat son plein et résonne au-delà des volets clos, Don Corleone et ses conseillers règlent leurs affaires louches, et on a peu de doute sur la nature du véritable centre de la fête. Le fait de danser et de chanter fonctionne essentiellement comme un leurre par rapport au principal événement qui se déroule dans ce sanctuaire – seuls nous, les spectateurs, sommes introduits à l'intérieur pour être les témoins de ce qui se passe sous la table, des manigances politiques se tramant dans l'ombre, que contresignent les frivolités qui ont lieu à l'extérieur, dans l'éblouissante lumière du soleil. La fête, loin d'imposer un interlude léger entre les pesantes questions liées aux affaires, laisse le parrain, tel un dictateur à un défilé militaire, exposer son attirail social et politique. La tragédie pour Lesley réside dans le fait qu'elle a, elle aussi, essayé de montrer sa marchandise, mais que, au lieu d'être dans la coulisse pour intervenir quand Johnny et Judy allaient conclure leurs propres affaires, elle s'est retrouvée en rade sur la piste de danse.

La question que soulève cette « négociation dans les coulisses » lors d'une fête est moins que les marges sont en réalité centrales, que les conversations en aparté – dans la cuisine, dans les plates-bandes, sur le balcon – sont au cœur de l'action, mais qu'en armant ainsi les gens pour le combat – leur parler à l'écart des oreilles indiscrètes – on peut mettre la fortune à ses ordres, ou du moins réduire la probabilité que ses effets aléatoires fassent échouer ses ambitions. Le pacte de la fête et du hasard signifie que tu ne seras jamais en mesure d'apprivoiser totalement l'aléa, mais au moins, en bon diplomate machiavélien, tu pourras dire que tu as vraiment agi de la meilleure manière et au mieux de ton intérêt auprès de ceux qui sont venus et de ceux qui la quittent, afin d'assurer ta renommée.

Plus troublant encore, dans la politique de la fête, l'amitié elle-même n'est pas moins vulnérable à cette dislocation. Il est une opinion, associée à la mafia autant qu'à Machiavel, naturellement, qui prétend que si tu dois garder tes amis près de toi, tes ennemis doivent l'être d'autant plus, et cela implique que cette chose appelée l'amitié authentique n'existe pas – si elle ne peut pas apporter de l'eau à ton moulin politique. Le rejet des manœuvres politiciennes, la résistance au caprice et la loyauté devraient pourtant être l'essence de l'amitié – c'est la raison pour laquelle Lesley ne pourra jamais renouer avec Judy et Johnny, qui ont agi au gré de leur caprice. En tant que rassemblement d'amis, une fête doit donc, n'en déplaise à Machiavel, être une célébration de la fidélité entre égaux, du lien de la véritable amitié qui ne se laisse pas briser par une meilleure offre. Parce qu'elle met fin aux hiérarchies du travail, la fête devient, tout comme l'amitié, un grand niveleur : si une seule définition de l'amitié devait être donnée, ce serait celle à laquelle Aristote se réfère : dans l'amitié, aucun ami ne peut être meilleur que l'autre – c'est pourquoi les relations entre amis empruntent si souvent leur modèle aux liens entre frères et sœurs, qui en savent trop les uns sur les autres pour jouer au supérieur très longtemps.

Aller à une fête signifie donc que tu es d'accord pour être considéré en fonction de tes mérites personnels, que tu ne pourras pas mettre en avant ton rang ni jouer de ton obséquiosité – que tu viens en toute amitié et que tu *prends part*, et c'est bien le sens du mot anglais *party* – que tu fais partie intégrante de quelque chose, que tu rejoins en laissant à la porte toute prétention ou toute inquiétude en lien avec ton statut. Si l'on devait représenter la fête de façon schématique, ce serait par une ligne horizontale plutôt que verticale : la fête de Lesley bascule quand elle passe de la première à la seconde ; là où il y avait un équilibre, elle découvre soudain que Judy et Johnny s'élèvent alors qu'elle-même chute. Car dès que quelqu'un est surpassé par quelqu'un d'autre, non seulement la fête et l'amitié sont atteintes, mais une échelle de différences symboliques apparaît perceptible jusque dans le fameux avertissement de Machiavel selon lequel il « vaut mieux être craint qu'aimé » : comme toujours, le souci de Machiavel est que le prince maintienne son *stato* ; et, là où l'amour implique le regard mutuel entre égaux, la peur te fera monter de quelques échelons, et tu te verras propulsé vers le haut ; tes pseudos-amis restant sur les barreaux inférieurs.

Cela pourrait contenir une philosophie de l'amitié, mais c'est tout juste une philosophie amicale, et c'est pour prendre le contre-pied de cette vision machiavélienne du monde que Montaigne, un autre courtisan, écrivit un siècle plus tard :

> Les bons legislateurs ont eu plus de soing de l'amitié que de la justice. Or le dernier point de sa perfection est cetuy-cy.

> Car, en general, toutes celles que la volupté ou le profit, le besoin publique ou privé forge et nourrit, en sont d'autant moins belles et genereuses, et d'autant moins amitiez, qu'elles meslent autre cause et but et fruit en l'amitié, qu'elle mesme[1].

C'est précisément parce que l'amitié ne vise aucune fin qu'elle en est anoblie ; et, pour Montaigne, l'amitié était susceptible de devenir une des expériences les plus élevées qui soient. Chaque fois que tu recrutes des amis en vue de quelque « autre cause et but et fruit en l'amitié, qu'elle mesme », tu ne te fais pas des amis, mais tu embauches des complices – et encore ; c'est pourquoi les amis et les fêtes vont ensemble comme le fromage et le vin. Aller à une fête devrait être une fin en soi, non un moyen de promotion personnelle, et donc tandis que Judy et Johnny, en s'embrassant, embrassent l'esprit de hasard de la fête, ils échouent sur le second critère – que tu ne dois pas utiliser l'événement pour prendre l'avantage sur les autres (et en particulier pas sur la personne qui t'invite ; ils auraient dû au moins attendre la fin de la fête). Le fait que Lesley soit balayée si brusquement signifie que sa rivale et son amant, de mèche, ont détourné sa fête en en usant comme d'un moyen pour « faire fructifier » leurs propres intérêts.

Quelle expression excellente pour une fête ! Tu ne dois pas utiliser ceux qui sont là pour faire avancer tes petites affaires – lécher les bottes de ce réalisateur de cinéma pour un rôle, de ce rédacteur en chef pour un poste –, mais les fêtes ont cependant une ambition en matière de séduction ou d'érotisme qui leur est propre – ce que nous redéfinirons

1. *Essais*, chap. XXVIII, « De l'amitié », Paris, PUF, « Quadrige », 1999, livre I, p. 184.

comme, disons, le rapprochement semi-sensuel des corps – et qui ne peut que « porter ses fruits. » Il se peut que tu sortes sans intention particulière, mais dès l'instant où l'on t'a fait entrer dans la pièce aux lumières scintillantes, que tu t'es laissé entraîner par la musique, que tu as goûté aux amuse-gueule et avalé quelques gorgées de ta boisson préférée, tes défenses se sont amollies. La sensation n'a pas besoin d'être sexuelle, c'est davantage une acceptation tacite des flatteries et du jeu social, de l'exploration inquisitrice du profil de chaque personnage. En fait, une atmosphère explicitement sexuelle transformerait une fête en autre chose – un théâtre de satisfaction plutôt que de désir, une réalisation stérile –, alors que ce qui fait la qualité de l'émotion et des attentes d'une fête réussie provient, en partie, de ce que la tempête sexuelle ne s'est pas déchaînée. Même quand une fête dégénère en une saturnale d'autres plaisirs – alcool, danse et drogue –, le sexe devrait rester un sport privé, puisqu'il va à l'encontre de la tendance assimilatrice, égalitaire, démocratique propre à la fête. Une fête peut être l'antichambre, mais jamais la chambre à coucher ; on peut toucher au but, mais sans franchir le seuil – même ces méprisables Judy et Johnny ont la décence de filer à l'anglaise plutôt que d'être pris en flagrant délit.

Et quoiqu'il en existe bien d'autres genres – des goûters d'enfants aux pots de départ –, c'est le genre de fête qu'organise Lesley, en réunissant les gens dans le jardin de l'amitié tout en permettant qu'un soupçon d'érotisme parfume subtilement l'air, qui semble être l'essence de la fête. Même lorsque des couples de longue date qui sont tous amis se réunissent il y a, comme dans un film de Woody Allen, la possibilité de rouvrir la quête qui les a poussés à se mettre ensemble au tout début, à réveiller la question habituellement dormante de leurs qualités respectives comme partenaire, mais pas celle de leur envie de la poursuivre. C'est cela qui fait de la fête, plus que le rendez-vous, une rencontre qui permet de fermer les yeux sur le fugace risque sexuel qui rôde, même s'il est tacitement admis que personne ne succombera à la tentation.

Car il ne fait aucun doute qu'en refaisant le calcul de la valeur amoureuse des amis que tu connais depuis longtemps, tu retrouverais selon toutes probabilités le même résultat, et pourtant le propos de la fête est aussi de reconstituer ton stock *comme si* tu recherchais l'amour, comme un geste potentiellement érotique dont il est entendu qu'il ne connaîtra pas de suite. Pour quelle autre raison, devant de vieux potes, devrais-tu toujours te sentir obligé de te parer de tes plus beaux atours ? Longtemps après que tu as trouvé ton partenaire, la fête continue à être une parade nuptiale, ce qui suggère que même si sa véritable fin n'est pas conjugale, ce n'en est pas non plus tout à fait la négation ; vous êtes tous d'accord pour être amis, tout en reconnaissant que plusieurs couples peuvent s'être formés en dehors des gens qui se trouvent dans la pièce et sont devenus amants.

Le manuel du Machiavel moderne pour aller à une fête pourrait donc inclure le conseil suivant. La première règle est qu'il n'y a pas de règles : une fête ne pourra décoller que si tu acceptes un certain niveau d'incertitude, que si tu arrives en acceptant d'être ballotté par ses courants qui te jetteront dans des conversations hasardeuses. Autrement ce n'est pas une fête, mais une mission. Cela dit, tu n'as aucune envie d'être dupé par le sort et de finir comme Lesley, qui n'a rien vu venir des alliances qui se concluaient derrière ton dos. Oscar Wilde disait qu'« un véritable ami vous poignarde de face », et il faut au moins être au courant de ce qui se trame – s'il se profile quoi que ce soit qui soit susceptible de te porter atteinte, essaye de le voir venir. Si cela semble bien trop cynique, tu peux choisir de prendre exemple sur le livre de Montaigne. Plutôt que d'établir une échelle de la peur, selon laquelle chacun trouvera sa place dans l'ordre hiérarchique, une fête, comme l'amitié elle-même, doit être la quintessence de relations équilibrées entre pairs bien intentionnés. Aller à une fête signifie laisser de côté ses ambitions et se jeter soi-même dans un événement sans aucun dessein autre que celui de cimenter cette égalité. Tu devrais, pour ainsi dire, arriver tout nu – pas parce que tu t'apprêtes à laisser libre cours à tes appétits sexuels, mais parce que tu ne veux pas arriver mieux habillé que les autres. Dans cette atmosphère presque érotique, tu pourrais être tenté de t'engager avec quelqu'un de nouveau, comme Judy et Johnny l'ont fait, mais tu ferais bien mieux, pour l'instant du moins, de rester l'ami de tous.

XVI

TE DISPUTER AVEC TON COMPAGNON

Tu es en colère ?

Bien sûr que non. Tu n'as aucune raison pour cela – tu es seulement en train de lire un livre, une activité des plus pacifiques. On pourrait même dire passives. Je veux dire, tu es assis là, sans servir à grand-chose – on peut difficilement dire que tu fais un quelconque effort.

Tu te mets en colère maintenant ? Non ? Et si je te méprisais parce que tu passes ton temps à lire ? Parce que tu gâches ton temps, alors que tu devrais penser moins à toi et plus aux autres ? Est-ce que cela t'aide à être de bonne humeur ?

D'accord. Peut-être ne vas-tu pas mordre à l'hameçon. À la place, imagine que tu sois en train de faire les frais du harcèlement que Martha fait subir à son mari, George, dans l'adaptation cinématographique de *Qui a peur de Virginia Woolf ?* Ils ont invité à dîner un couple plus jeune, irréprochable, dans la maison modeste du campus de l'université où les deux hommes sont professeurs. Martha, rusée comme un renard et voluptueuse, déjà ronde comme une queue de pelle, est en train de provoquer George, un homme portant lunettes et cardigan, devant ses hôtes qui, trop polis pour intervenir, se sentent de plus en plus mal à l'aise. Dans l'extrait suivant, elle est en train de retracer les raisons de l'échec de son mariage :

> MARTHA [aux invités] : Bon, quoi qu'il en soit, j'ai épousé ce salopard. J'avais tout prévu. D'abord qu'il deviendrait directeur du Département d'histoire. Ensuite, quand Papa aurait pris sa retraite, qu'il dirigerait toute l'école, vous comprenez ? C'est comme ça que ça aurait dû se passer. [à George] Tu es fâché, chéri ? [aux invités] C'est comme ça que ça aurait dû se passer. Tout simplement. Et Papa pensait aussi que c'était une bonne idée. Ça a duré quelque temps. Jusqu'à ce qu'il ait *observé* George pendant environ deux ans. [à George] Tu es encore plus fâché, chéri ? [aux invités] Jusqu'à ce qu'il l'ait *observé* pendant environ deux ans, et qu'il commence à penser que ça n'était peut-être pas une aussi bonne idée après tout – que peut-être le petit George n'avait pas la *niaque*, que peut-être il ne l'avait pas *en lui*.
>
> GEORGE : Ça suffit, Martha.
>
> MARTHA : Va-t-en au diable ! Voyez-vous, George n'avait pas beaucoup d'*allant*, il n'était pas particulièrement *agressif*. En fait, il était une sorte de flop ! UN BON GROS FLOP !
>
> [George lance une bouteille de vodka qui s'écrase sur le manteau de la cheminée.]
>
> GEORGE : FERME-LA MAINTENANT ! Ça suffit, Martha !
>
> MARTHA : J'espère que c'était une bouteille vide, George. Tu ne peux pas te permettre de gaspiller du bon alcool ! Pas avec ton salaire ! Pas avec le salaire d'un professeur associé !

George et Martha sont joués par Richard Burton et Elizabeth Taylor, connus pour la nature tumultueuse de leurs relations à la ville comme à l'écran, ce qui confère au scénario d'Edward Albee une électricité supplémentaire. Cette charge n'est pas complètement négative – elle enrichit la complexité érotique et, tandis que George est publiquement humilié, il retire quelque plaisir coupable et intime à être le souffre-douleur de son épouse. Dans cette soirée fatidique, pourtant, Martha va trop loin, son sadisme dépassant le pitoyable bénéfice masochiste que George y prend. Dans une tentative pour arrêter son attaque implacable, il casse la bouteille, mais cela ne suffit pas à la retenir – à l'évidence, quand Martha dénonce le fait qu'il « n'avait pas beaucoup d'*allant* », qu'il « n'était pas particulièrement *agressif* », elle ne s'adonne à cette diatribe contre l'insignifiance professionnelle de George que pour mieux souligner son insuffisance sexuelle. C'était en fait « une sorte de flop ! UN BON GROS FLOP ! », pas besoin de faire beaucoup d'effort pour comprendre à quoi elle fait allusion, et pour saisir que la bouteille vide et brisée incarne sa virilité anéantie. Ce qui serait déjà peu chrétien, mais Martha convoque deux figures masculines supplémentaires pour montrer son mari sous un jour encore plus ridicule. La première est le deuxième homme de la pièce, le jeune premier censé être la fusée qui descend en vol ce satellite fatigué qu'est George ; au-delà du fait qu'il est bien de sa personne, sa présence et ce qu'il représente sont suffisants pour rendre plus cruelles encore les invectives que Martha répand devant lui. La seconde est le père qu'elle appelle « Papa », comme si elle était plus fière que honteuse de son statut infantilisé : par son manège, cette femme adulte exige d'être traitée comme une princesse tout en déversant son mépris sur le fiasco financier qui manqua de la dépouiller. Des deux côtés, George se trouve surpassé par un phallus que sa femme admire sans retenue, et il est implicitement comparé à un troisième : quand, plus tard, Martha affirme qu'elle « porte la culotte », elle confirme qu'elle-même se trouve au-dessus de son mari dans l'ordre hiérarchique de la puissance masculine.

Pourquoi donc ne l'a-t-elle pas quitté depuis des années ? Pourquoi, si cela est l'histoire de la puissance dépensée et du potentiel gaspillé, d'un avenir perdu pour les historiens, n'a-t-elle pas changé de cheval en amont, avant que ses propres promesses ne se soient flétries et que l'alcoolisme ne se soit installé ? Bon, ce dont George manque en puissance physique, il le compense au niveau du cerveau, et par une perspicacité psychologique aiguë concernant le talon d'Achille de Martha – car elle aussi aime être un peu bousculée. C'est payé dans une autre monnaie – celle de Martha est brutale et délivrée à la cantonade, celle de George est insidieuse et chirurgicale –, mais il en donne autant qu'il en reçoit, ce qui veut dire que Martha et lui sont appariés, même si la partie n'aura jamais de vainqueur.

Le problème est que l'amour et la guerre ne vont pas ensemble, même s'il y a un courant dans la psychothérapie qui recommande de se disputer pour faire monter les problèmes à la surface et les « travailler à fond » – mieux vaut les faire sortir que les garder à l'intérieur. Le terme traduit l'allemand *durcharbeiten*, qui désigne une théorie selon laquelle parler, quoique ce soit douloureux, peut du moins servir de palliatif et dénouer le plus gordien des nœuds. À ceci près que déverser ses ressentiments les plus sombres sur un thérapeute, c'est très différent que de dire à son compagnon des choses qu'on pourrait regretter plus tard. Là où un thérapeute ne met pas sa peau en jeu, toi et ton partenaire êtes investis jusqu'aux oreilles, pas plus capables l'un que l'autre de la moindre objectivité : plutôt que de procurer un soulagement, le fait de « parler » entre partenaires risque d'enflammer la discussion, la dispute servant moins à combler qu'à fortifier les différences déjà creusées.

Ce qui est astucieux de la part de Martha c'est que, s'il était besoin d'objectivité, elle choisit de laver son linge sale en public. En prenant le couple plus jeune à témoin, elle espère faire plus largement accepter la vérité qu'elle voit, rendant son point de vue subjectif plus objectif. Mais le témoignage est faussé : parce qu'ils sont invités, ce qui, à la fois, leur impose de respecter les convenances et les rend dépendants vis-à-vis de leurs hôtes, ils ont leur propre point de vue, sans neutralité possible. Quelque malin qu'il soit, le stratagème de Martha a donc un point faible : ils ne vont pas l'aider et, une fois encore, la discussion va s'envenimer.

En dépit de sa démarche sournoise, il est difficile de ne pas ressentir d'empathie pour elle, car Martha reproduit ce que des tas de gens ressentent quand ils se disputent avec un partenaire : si seulement quelqu'un pouvait être là pour entendre cela ! Comment pourrait-il ne pas être de mon côté ? Tu espères la présence de quelqu'un qui confirme le bien-fondé de tes remontrances, et quand personne n'est présent, tu parles à sa place – « Ce n'est pas seulement moi qui pense cela – ta mère dit pareil » ; « Si tu ne me crois pas, demande à nos amis. » Ce faisant, tu en appelles aux normes sociales, sinon à la raison elle-même – un geste rhétorique auquel nous reviendrons –, mais il se peut que tu invoques aussi des forces plus fondamentales. Car quand hommes et femmes se disputent, il y a quelquefois cette supposition que la faute est inhérente à la masculinité de l'homme ou à la féminité de la femme – il est taciturne, mais elle est bavarde ; il est obtus, mais elle est hypersensible –, comme si chaque bataille opposait la gent masculine et la gent féminine. On peut relever ce caractère archétypal dans l'accusation retentissante que fait Martha à

George d'être un homme trop petit et dans le reproche non dit de George qu'elle est une femme trop femme ; et, parce que c'est archétypal, c'est apparemment insoluble. Encore un match nul. Homme et femme sont destinés à se battre parce qu'ils sont homme et femme.

Une solution peut être trouvée dans le féminisme français développé dans les années 1970 par Julia Kristeva, Hélène Cixous et Luce Iragaray. Toutes trois ont des liens avec la revue *Tel quel*, qui mariait radicalisme d'extrême gauche – voire maoïsme – et abstraction académique et donnait à ses contributeurs le rôle de guérilleros intellectuels. Mais si elles étaient féministes, tu ne les aurais pas reconnues comme telles, parce que leurs cibles n'étaient pas les hommes en soi, ni même la société patriarcale qui favorisait les hommes et suscitait une résistance symétrique de part et d'autre de l'Atlantique. Car, alors que Kristeva et ses camarades suivaient une ligne de conduite dont la complexité philosophique rendrait toujours leurs idées politiques peu compréhensibles, leurs sœurs américaines étaient plus directes, brûlant leurs soutien-gorge, manifestant pour l'égalité des salaires et écrivant des livres pour dénoncer l'exploitation ô combien pénétrante du corps des femmes. Ce type d'action a certes pu jouer un rôle de catalyseur pour la cause, mais il n'a fait que renforcer la supposition, pour les écrivains français, que cela était à l'origine même de la bataille entre les sexes. Connue sous le nom d'« essentialisme », c'était l'idée qu'il existe une féminité et une masculinité essentielles, et c'est contre elle que nos trois auteures se sont unies. Combattre pour les femmes, c'est défendre la femme, ou protéger en son nom une essence idéale dont il n'y a pas réellement de preuve. Encore aujourd'hui, on ne peut nier que les hommes et les femmes sont traités différemment au travail, par exemple, et il ne fait aucun doute que des caractéristiques biologiques les séparent, mais sauter de ce type d'observations empiriques sur les sexes à une essence de l'homme comme distincte de l'essence de la femme est, du point de vue du féminisme français, faire un pas de trop. Les différences au niveau de l'appareil génital n'impliquent pas une différence en termes d'essence ; et la testostérone et les œstrogènes sont des substances purement physiques, et non métaphysiques. Donc, s'il existe une féminité ou masculinité essentielles – car c'est bien là le problème –, ce n'est pas dans le corps qu'il faudrait la chercher, mais au-delà. Une féminité essentielle et une masculinité essentielle devraient être séparées du genre biologique – une pensée assez bizarre, et pourtant, avec leurs bouffonneries qui inversent les rôles, même George et Martha le démontrent : George asticote Martha avec sa vision de la femme, Martha asticote George avec sa propre vision de l'homme, et, dans les deux cas, leur comportement a rompu les amarres par rapport à la biologie. Ils se disputent parce que chacun croit que l'autre a mis en péril sa propre essence. Ils se disputent, en d'autres termes, *au nom* d'une masculinité et d'une féminité essentielles – ce qui est, pour les féministes françaises, précisément le problème. Tout essentialisme comporte le risque de la violence, parce qu'une fois que l'on prend le parti d'une essence idéale, que ce soit la femme, la liberté ou l'Amérique, cela conduit à entrer en conflit avec ceux dont l'essence idéale diffère. Donc quand tu te disputes avec ton compagnon (nous supposons ici une relation hétérosexuelle), vous pourriez bien, sans vous en rendre compte, être en train d'affirmer que vous avez raté la masculinité et la féminité essentielles que vous hébergez dans vos têtes. La leçon étant que si cet essentialisme privé, fauteur de troubles, est quelque chose dont vous pouvez vous débarrasser, vous pourriez tous deux vivre plus pacifiquement.

En supposant que la paix soit votre objectif. Le problème avec les disputes est qu'elles acquièrent une vie propre, où avoir raison peut prendre le pas sur la volonté de parvenir à une solution. À son sommet – ou au plus profond de son abîme –, une violente dispute met en scène deux certitudes qui ne peuvent être conciliées, chaque partie soutenant de façon catégorique qu'elle a raison et étant convaincue de la fausseté de la prétendue vérité de l'autre. Devant une telle impasse, tu feras plus que probablement appel à la raison, une force qui transcende la dispute et la ramène dans la sphère incontestable de la vérité éternelle – où, ce qui est assez stupéfiant, la vérité primordiale que tu avais évoquée vient à ton secours. Autre solution – qui revient au même – tu vas établir que le raisonnement de ton partenaire est illogique, comme dépourvu des exigences du « sens commun » – comprendre ici « préférence personnelle ». Que ce soit d'une manière ou de l'autre, la rationalité que tu invoques pourrait n'être qu'un voile jeté sur tes émotions, une tentative rusée, voire une façon de te tromper toi-même, de présenter des sentiments bouillonnants et subjectifs comme incontestables. Et en dehors de tout ce que cela implique comme jeu psychologique, de tels artifices révèlent que la principale ressource de la dispute est rhétorique – une dispute n'étant qu'une série de feintes verbales destinées à coincer ton interlocuteur et à le soumettre.

Ce n'est pas que la rhétorique et la psychologie ne fassent pas bon ménage : quand Martha demande à George, par deux fois, s'il est fâché, c'est en actionnant les deux leviers à la fois qu'elle le harcèle. Une question purement rhétorique – « Tu es fâché, chéri ? », posée sans l'attente d'une réponse, une affirmation déguisée en question ; en même temps, elle impute à son mari un état émotionnel (la colère) que la question elle-même, parce qu'elle est rhétorique, contribue à générer. C'est cette recette – rhétorique + psychologie – qui donne à Martha l'avantage, et c'est probablement celle de toute dispute. Car se disputer suit un certain nombre de stéréotypes, à tel point que les Anciens, romains et grecs, qui développèrent l'art de la rhétorique, cataloguèrent le moindre truc linguistique – y compris la question rhétorique, qu'ils appelèrent *erotema* – que tu peux être amené à déployer. Ils visaient ainsi un but qui dépassait largement la satisfaction érudite, puisqu'il s'agissait de fournir aux politiciens les outils de persuasion dont ils avaient besoin pour se bâtir des soutiens politiques – tu as bien moins de chance d'avoir quelqu'un qui vote pour toi si tu ne peux le persuader de tes mérites, et cela implique le langage.

Et ces techniques n'ont pas pris une ride – prend seulement les quinze premiers mots du discours d'investiture de Barack Obama : « Mes chers concitoyens, je me tiens devant vous aujourd'hui empli d'un sentiment d'humilité. »

« Chers concitoyens » est une *apostrophe*, une interpellation formelle à un auditoire, dont la distance a été atténuée par l'insertion du « mes » *ad hominem* – c'est-à-dire une invite doucereuse à son auditoire pour qu'il se range de son côté. Le mot « concitoyens », assez neutre, est un *euphémisme*, ou litote, car Obama a revu l'*apostrophe* rendue fameuse par George W. Bush, « Mes chers Américains », de telle sorte que le mot « concitoyens » ne renvoie pas seulement aux Américains – c'est-à-dire que nous ne sommes plus isolationnistes, mais citoyens d'un monde que nous partageons avec d'autres. « Je me tiens devant vous aujourd'hui empli d'un sentiment d'humilité » relève de l'*antithèse*, le fait de mettre des termes qui sont en opposition les uns avec les autres, où « je me tiens devant vous », renvoie à la stature du témoin tout en dérobant une part de sa sincérité, et érige une verticalité qui contraste avec l'abaissement du terme « humilité », qui vient du latin *humus*, signifiant « terre » ; et cela boucle la boucle avec « mes chers » pour suggérer les créatures qui habitent la terre : nous sommes tous des créatures, mais aussi des citoyens, également bas mais également hauts, tout comme le président qui, lui aussi, fait partie du peuple. Le mot « aujourd'hui » est une *métonymie*, un synonyme qui fait allusion à un phénomène plus général – Obama ne veut pas dire seulement aujourd'hui, mardi 20 janvier 2009, mais « à l'époque qui est la nôtre », avec une référence tacite à la crise dont il se trouve hériter ; c'est aussi un procédé *ad populum*, une manière de jouer sur les émotions de l'auditoire, car avant qu'un quelconque argument logique ne soit avancé, Obama fait appel aux émotions et aux craintes que les Américains pourraient ressentir à cet instant. Et ce sont seulement les quinze premiers mots.

Si des tropes aussi anciens prospèrent jusque dans la politique moderne, cela signifie que les disputes que tu as avec ton conjoint peuvent être décortiquées de la même façon. Imagine le dialogue suivant :

> Elle : Tu ne m'aimes plus.
> Lui : Tu es folle ?

Elle : Tu ne dis jamais rien de gentil.

Lui : Je t'ai demandée en mariage il y a six mois ! Je ne suis pas spécialement indifférent.

Elle : On jurerait du contraire… J'ai l'impression que tu m'utilises, quelque part.

Lui : Et tu es tellement sûre de tes impressions, c'est ça ?

Elle : Qu'est-ce que cela est censé vouloir dire ?

Considérons maintenant les effets psycho-rhétoriques employés :

Elle : Tu ne m'aimes plus. [Insinuation : poser une hypothèse pour tester sa véracité.]

Lui : Tu es folle ? [Appel à la raison : je vais bien, tu es dingue.]

Elle : Tu ne dis jamais rien de gentil. [*Hyperbole* ou exagération.]

Lui : Je t'ai demandée en mariage il y a six mois ! [Appel aux faits, quoiqu'ils puissent ne pas être toute la vérité.] Je ne suis pas spécialement indifférent. [*Litote* : utilisation de la double négation pour ajouter une force ironique à la proposition.]

Elle : On jurerait du contraire… [Utilisation *ad hominem* de données subjectives pour cause de manque de fait objectif.] J'ai l'impression que tu m'utilises, quelque part. [Le caractère non spécifique du « quelque part » le rend trop nébuleux pour qu'on puisse se défendre là contre, en en faisant un argument par le mystère qu'il recouvre.]

Lui : Et tu es tellement sûre de tes impressions, c'est ça ? [*Erotema*, maintenant avec la force d'une imputation sarcastique.]

Elle : Qu'est-ce que cela est censé vouloir dire ? [Une forme plus sophistiquée d'*erotema*, où le requérant somme le défendeur de donner une réponse et où le silence est censé figurer la victoire du requérant.]

Peut-être ne savent-ils pas qu'ils font de la « rhétorique », mais chacun va se servir dans l'arsenal des armes rhétoriques. Ce qui montre qu'un langage dépourvu de rhétorique n'existe pas, et certains critiques modernes vont jusqu'à dire que c'est la rhétorique qui détermine ce que tu veux dire, et non l'inverse : avant même que tu ne commences à parler, l'ensemble des procédés rhétoriques disponibles va mettre en forme tes intentions et, une fois que tu as pris la parole, te diriger comme dans un jeu d'échecs sur ordinateur à travers un certain nombre de combinaisons préétablies.

Malgré leur détermination à détailler les enchaînements rhétoriques, les Anciens décidèrent de mettre un terme à un système aussi antihumaniste. Et ils le firent pour protéger leur concept de vérité, qui reposait sur la rhétorique en tant que faire-valoir, quelque chose avec quoi la vérité puisse contraster, de telle sorte que le meilleur gagne. Car la rhétorique peut te monter à la tête, t'embobinant avec toutes ces arguties linguistiques et te conduisant à plaider pour telle cause seulement parce que tu en es capable. Comme un pur-sang qui a désarçonné son cavalier, la rhétorique peut, sans que la vérité la gouverne, continuer à galoper toute seule, mais dans une direction complètement fausse. Pourtant, c'est précisément ce défaut de la rhétorique qui fournit le meilleur recours contre elle. Disons que ton partenaire est le (la) querelleur (euse) le (la) plus talentueux (se), et tu en ressors à chaque fois avec le sentiment inquiétant de t'être fait rouler : au moins tu peux l'accuser de déformer tes paroles et d'utiliser des tours de passe-passe pour distordre les faits. Plus la rhétorique est brillante, plus la vérité est discutable et moins l'orateur a l'air moral. C'est ce qu'illustre parfaitement la scène d'exposition du

Roi Lear, où les deux affreuses sœurs utilisent leur langue déliée pour récupérer l'or de leur père et où Cordelia, la plus jeune, démontre sa sincérité par la sobriété et la candeur de son langage, sa pauvreté linguistique incarnant sa richesse morale. Être à court de mots ne t'empêche pas d'occuper une position morale élevée.

Laisse à présent le langage de côté et demande-toi ce qui fait, dans le fond, que tu te disputes avec ton compagnon. Il y a certaines choses que tu identifies rapidement – des valeurs en conflits, des attentes qui ne sont pas réciproques, une communication pauvre. Mais que se passe-t-il si la pulsion à vous disputer vous entraîne plus loin ?

Vers la fin de *Qui a peur de Virginia Woolf ?*, George et Martha font un pacte de « guerre totale », mais parce qu'il est accepté avec enthousiasme – parce que c'est un *pacte* –, nous autres spectateurs sommes conduits à voir combien leur haine diffère peu de leur amour : après tout, comme la psychanalyse l'a mis en évidence, les deux sentiments impliquent une préoccupation profonde pour une autre personne, et le fait de lui consacrer une attention psychique intense. Quand nous croisons le fer avec notre partenaire, nos instincts guerriers pourraient ne pas être si faciles à démêler des sentiments amoureux ; ce qui bourdonne pendant une dispute, c'est la tension entre rejeter le partenaire le plus loin possible et l'étreindre au plus près. Dans la théorie de la guerre exposée par le penseur d'extrême droite de la période nazie Carl Schmitt, le rejet sert un dessein profond. Naturellement Schmitt ne parle pas de relations personnelles, mais politiques, et pourtant la même logique s'applique. Il soutient qu'un État devient un État en excluant ses ennemis – l'acte d'exclusion aide l'État à savoir qui il est, faisant de l'acte de guerre une réaffirmation de son identité. Transpose la nécessité politique aux chamailleries entre toi et ton partenaire, et tu verras combien te disputer avec l'autre peut servir à rétablir qui tu es, confronté à la menace d'être assiégé, envahi ou annexé par la personne qui te braille dessus à travers la pièce. Ce qui implique que, pour rester un partenaire, ton partenaire doit être différent – la menace qu'il représente au cœur de la bataille est que, si son point de vue triomphe, il va te transformer en lui (elle) et, là où auparavant il y avait deux êtres, seule une unique identité prévaudra. Pour que des rapports existent, il doit y avoir de la différence – c'est une *relation*, ne l'oublie pas – même si la différence ne provoque pas seulement de l'amour, mais aussi de la friction ; avoir ton partenaire comme adversaire pendant une heure et demie te permet de rassembler ton identité qui est la plupart du temps joyeusement faussée. En ce sens, la dispute en elle-même ne devrait pas t'inquiéter. À moins que cela ne conduise à une rupture irréversible, les hostilités aident les deux parties à se représenter qui elles sont comme individus et à rendre ainsi possible pour elles de se réunir une fois de plus.

XVII

RAPPORTS SEXUELS

Peut-être attendais-tu patiemment de lire les seize chapitres précédents avant de passer à celui-ci. Peut-être que tu ne comprends pas trop pourquoi il apparaît après l'apparemment innocent « prendre un bain » ou « aller au boulot ». Peut-être, quand tu as feuilleté le livre, ton œil n'a-t-il pas été attiré par le mot « sexuels ».

Ou peut-être que si. Et si c'est le cas, tu ne fus pas seulement un lecteur curieux, un étudiant de l'érotisme proprement inquisiteur : tu as été sexuel. Car la tentation de lire en diagonale pour arriver aux commentaires sur le sexe, de feuilleter les pages pour arriver au contenu qui te titille, suggère que, inconsciemment, tu as cédé à une sirène subtile, comme une clarinette au fin fond de la forêt, communiquant et jouant avec ton désir. La promesse de lire des choses sur le sexe s'apparente à la promesse du sexe même, toutes deux laissant deviner une satisfaction à venir et une satisfaction qui exploite en toi une disposition à être appelé vers elle. Ce n'est pas affirmer que le fait d'avoir des rapports sexuels peut être remplacé par une lecture sur le sexe – à moins que cela soit ton fantasme fétichiste – mais plutôt que les deux commencent par exciter une vulnérabilité érotique, qui s'appuie sur une sensibilité particulière reflétant chez toi une inclination au plaisir qu'il ne faut pas grand-chose pour stimuler.

Généralement, une telle adhésion de principe à l'appel du sexe est appelée une « pulsion » ou une « envie irrépressible », si ce n'est que ces termes laissent entendre avec trop de désinvolture que cette force est la tienne – tu *as* l'envie, la pulsion est ton instrument – et non une chose à laquelle tu réponds. Car tu *décides* moins de tes envies sexuelles – de la même façon que tu décides de te faire un sandwich ou d'aller faire une promenade – que tu ne réponds à quelque chose qui se déclenche en toi. Sans considération de la personne qui en est à l'« origine », le sexe n'est jamais affaire de pilotage, mais toujours de suivi – et avant d'initier, l'initiateur lui-même aura été guidé par le sanctuaire de ses pulsions intérieures. Assurément, cela peut être programmé – tu peux prévoir de rencontrer ton amant(e) dans un hôtel à trois heures de l'après-midi, et le frisson érotique pourrait même en être accru – mais le succès du rendez-vous dépendra d'un troisième élément. Si, ayant rempli ta fiche à la réception, tu ne veux pas te retrouver en position délicate au milieu des draps frais, l'un de vous deux au moins devra permettre à cette « envie » de devenir « urgente ». L'envie doit être accueillie, et il faut répondre à l'appel. Tout cela suggère que la formule « faire l'amour » (*to have sex* en anglais) se trompe d'ordre – c'est l'amour (le sexe, en l'occurrence) qui nous refait.

Si elle ne vient pas directement de toi, d'où vient donc cette « pulsion » sexuelle ? Est-ce qu'elle file à toute allure dans l'air, battant aveuglément des ailes comme Cupidon, décochant une flèche vers toi au hasard pour piquer ton désir ? Envahit-elle ton système à la vitesse d'une substance chimique ? Une explication de ce genre se trouve dans le *Banquet* de Platon – le récit d'une fête où l'on se distrait à coup de théories sur l'amour – exprimées par l'un des convives, l'auteur comique Aristophane. Il raconte que, à l'origine, « la forme de chaque être humain était celle d'une boule, avec un dos et des flancs arrondis. Chacun avait quatre mains, un nombre de jambes égal à celui des mains, deux visages sur un cou rond avec, au-dessus de ces deux visages en tout point pareils et situés à l'opposé l'un de l'autre, une tête unique pourvue de quatre oreilles ». Mais la force de ces humains primitifs additionnée à l'orgueil démesuré qui en résulta alarma à ce point les dieux que Zeus décida de les trancher en deux, l'ouverture produite dans la peau étant refermée par un nœud formant le nombril. Depuis cette date, les individus tranchés cherchent à retrouver leur moitié, le sexe – le recollage des fragments – se définissant comme la profonde satisfaction d'être à nouveau un et complet. L'histoire d'Aristophane n'a aucune source biologique, naturellement, mais comme de nombreux mythes elle lui substitue une intuition psychologique : elle interprète l'impérieuse envie de sexe comme une nostalgie, un désir de retourner à un paradis perdu de complétude et de vigueur, un lieu de familiarité et d'identité. En tombant dans le confort exquis des bras d'un amant, tu cherches à réparer ton âme déchirée.

Hum. Ça a l'air charmant, quoiqu'un peu gâché par l'implication que faire l'amour c'est coucher avec soi-même. O.K., cela n'a peut-être pas le côté malsain de la masturbation, mais ce fait de forniquer avec ce qui est littéralement ton autre moitié avertit que, pour pouvoir te plonger dans ton propre reflet, ton désir devient celui d'effacer le visage de ton amant(e), afin qu'en le/la dépouillant de ses qualités propres, tu parviennes à découvrir les tiennes, et ce n'est pas moins inélégant. Comme la compulsion de te trouver toi-même, l'envie de sexe ne considère les qualités intrinsèques d'un amant, quel qu'il soit, que comme une barrière : tu ne cours pas après *cette* personne, si ce n'est dans la mesure où elle t'offre le moyen de revenir vers toi. Dans cette interprétation, ce n'est pas la différence, mais la similarité qui cause l'excitation.

La réponse fantaisiste d'Aristophane sur les origines du sexe décrit une entreprise qui regarde vers le passé, et que l'on pourrait même qualifier d'atavique – tu couches pour revenir à un endroit auquel tu appartenais naguère –, mais si la question est « d'où la pulsion sexuelle vient-elle ? », une théorie plus adaptée aux oreilles modernes réside dans la psychologie évolutionniste, qui déplace l'accent du passé vers le futur : la raison de l'accouplement tient à la perpétuation de l'espèce. Elle ne parvient pas à rendre compte des relations sexuelles que tu as juste histoire de prendre – disons du bon temps en utilisant des contraceptifs –, pour ne rien dire des rapports homosexuels, mais elle aide à expliquer l'urgence de l'envie. Ce remue-ménage dans le bas-ventre, cet appel qui t'élance au milieu de ton corps et cherche chez ton partenaire une réaction correspondante, l'arche de toutes les promesses qui vous fait vous rejoindre – autant de ruses de l'espèce dans sa mission pour t'unir à un autre être.

Et sans cela, que se passerait-il, je te le demande ? Que serait-ce si le sexe était pénible ou douloureux ? L'espèce mourrait. Une force de vie, peut-être, mais à ce niveau de l'espèce le sexe c'est la vie comme résistance à la mort, l'effort constant pour continuer à vivre. Où, dans la légende d'Aristophane, le sexe apporte union et plénitude, il aspire maintenant à la nouveauté avec l'accouplement de deux moitiés permettant la transmission de la vie et l'accomplissement entre deux amants ; ce faisant, les amants sont impliqués dans leur propre mort, car s'ils étaient immortels ou éternels, il n'y aurait pas besoin de créer une nouvelle vie. Comme il s'agit de perpétuer l'espèce, le sexe implique la mort de la génération présente – tandis que la nouvelle vague arrive, grosse de son énergie, la première vague se brise.

Selon cette explication, le plaisir sexuel devient ce que Theodor Adorno, membre de l'École de Francfort qui formula la théorie sociale au milieu du XXe siècle, décrit comme une astuce biologique pour préserver l'espèce – comme une idéologie sinistre qui te fait faire ce qu'elle veut, le plaisir sert à t'amadouer pour t'empêcher de poser les questions qui fâchent. Le plaisir sexuel peut paraître expressément concentré sur toi, sur ton partenaire et sur le lien érogène qui vous unit, mais c'est seulement un écran de fumée pulvérisé sur toi et sur les autres par le drone de l'espèce tandis qu'il cultive les millions d'épis de ses moissons. Si cela picote, eh bien, c'est bon pour toi. Produite par l'absorption de stimulants chimiques, l'embardée de ton rythme cardiaque au moment de l'orgasme est tout autant la première salve de la vie t'aspirant pour la reproduction que la pulsation de ta propre adrénaline. Ce que tu ressens n'est pas irréel ; mais, dans l'anticipation de ce que la vie te survivra, le plaisir, l'abandon, ta mort est là qui trépigne à l'intérieur – pas étonnant que l'orgasme ait si souvent été comparé au fait de mourir et soit appelé la « petite mort ». Et cela est tragique, dans l'esprit d'Adorno, non pas parce que pendant l'acte sexuel nous traversons l'ombre de la mort, mais parce que cela fait de nous des androïdes, exécutant un plan pour le compte d'un collectif dont le seul but est de reproduire le collectif.

Ce qui est pire, c'est que la question de la préservation de l'espèce menace de briser le lien, si souvent recherché par les amants modernes, entre le sexe et l'amour. Ni le récit darwinien du sexe pour la survie, ni, du reste, la fable d'Aristophane du retour du moi au bercail ne soutiennent que le sexe a besoin de l'amour pour fonctionner, et c'est peut-être la raison pour laquelle ces deux théories paraissent insatisfaisantes. Les Grecs avaient un mythe qui nous décrivait fendus en deux par les Immortels ? Parfait – c'est une jolie histoire. Il y a une logique évolutionniste derrière les relations sexuelles ? Et alors ? – cela ne donne pas une signification au sexe, cela lui confère seulement une fonction. Pour nous aujourd'hui, ce que le sexe a de particulier tient à la combinaison du plaisir érotique avec la tendresse amoureuse, du physique avec l'émotion. C'est ce qui distingue le coït humain de son équivalent chez les bêtes, et cela émousse la brutalité qu'un spectateur extérieur pourrait y voir. Dans le sexe, l'imbrication des corps procure non seulement une satisfaction animale, mais sert aussi d'analogie pour la fusion des esprits, plus noble, qui a lieu parallèlement. Mais ils ne sont pas coextensifs : dans cette conception moderne du sexe, l'amour arrive avant et demeure longtemps après le frottement et le rut. Par conséquent, si le désir est le détonateur du sexe, alors l'amour est le détonateur du détonateur.

Selon la tradition biblique l'amour peut, à son tour, être divisé entre amitié (*philia*) et amour spirituel ou émotionnel (*agapé*), ce qui complique un peu plus la relation avec le sexe – ou *éros*. Qu'en est-il du sexe entre amis, par exemple ? Si un ami est quelqu'un que tu apprécies, et non pas que tu aimes d'amour, est-il normal de coucher avec lui ? Il y a attirance sexuelle (*éros*) et il y a amitié (*philia*), mais ce n'est pas de l'*agapé*. Donc est-ce que deux sur trois cela suffit ? Naturellement, si tu entretiens par ailleurs une relation avec quelqu'un que tu *aimes d'amour*, le sexe avec les amis est définitivement inacceptable ; mais qu'en est-il si tu couches avec un ami alors que vous êtes tous les deux célibataires ? L'absence totale d'amour spirituel ou émotionnel – pas une once d'*agapé* – signifie-t-elle que le sexe est mal moralement ? L'*éros* doit-il toujours être agrémenté d'amour pour cesser d'être purement sexuel et donc sale, d'une certaine façon ? Cette tradition biblique dirait que oui. En fait, dans sa version catholique romaine, on préférerait que tu ne baises pas du tout, mais que si tu le dois, alors il vaut mieux le faire avec amour, dans le cadre du mariage avec pour but la procréation. Mais même si tu tempères le sexe par l'amour, certaines choses doivent se produire pour que la relation sexuelle existe, des choses qui n'ont pas de lien évident avec l'amour, d'où la différence : s'il n'y a pas orgasme ou pénétration nécessairement, sans la stimulation mutuelle de fonctions érogènes – fût-ce par téléphone, courriel ou webcam –, le sexe reste un échange bienséant. Quelle que soit la quantité d'amour et d'amitié qui y contribue, le sexe doit, pour être du sexe, passer par-dessus – ou par-dessous – ces états plus élevés : il doit y avoir de l'action.

Peut-être cela explique-t-il la longue tradition concernant la technique sexuelle : si, avec l'amour et l'amitié, l'affaire était dans le sac, il n'y aurait pas besoin de tous ces manuels sur les positions ; et parce que c'est fondamentalement différent, le sexe recherche un langage différent, et il le trouve dans la grammaire de la baise. Depuis le *Kama Sutra* jusqu'aux *Joies du Sexe* et autres, le sexe se prête à être codifié dans des opuscules d'instruction qui ne sont pas sans lien avec les instructions de montage de meubles en kit : il y a une bonne et une mauvaise façon de connecter les parties, une qui conduit à la satisfaction, l'autre à la frustration et à la besogne – issue fatale quand une image 2D refuse d'être transformée en une réalité en 3D et qu'on reste désemparé devant un paquet de vis qui ne trouvent ni leur trou ni leur boulon. Dans ces manuels d'introduction à la sexualité, il est clair qu'il existe un talent pour « faire l'amour », comme on l'appelle par euphémisme, exactement comme il y a un talent pour le tai chi chuan ou la lithographie, ce qui signifie que même si le sexe peut être la chose la plus naturelle du monde, il ne devrait pas être approché comme tel : il a probablement fallu user de quelque artifice pour arriver jusqu'à la chambre, alors pourquoi, à la dernière minute, se précipiter ? Prends *L'Art d'aimer* d'Ovide, qui, quoique écrit à peu près à l'époque de la naissance virginale du Christ, donne à l'apprenti amoureux les conseils nécessaires non seulement sur ce qu'il faut faire au lit, mais aussi sur comment faire pour mettre une fille dedans – son premier conseil étant de lui dire que tu l'aimes, que ce soit vrai ou non. Le résultat est suffisamment important pour que rien ne soit laissé au hasard, et les étapes y conduisant doivent être accomplies avec diligence. Une fois au lit, les manuels ne sont pas seulement anatomiques, ils sont dynamiques – études sur la mécanique de la tension, enquêtes sur les forces les plus à même de produire de l'intensité. Ainsi, quand *Les Joies du sexe* explique le bondage, l'auteur analyse « les zones critiques où la compression "*booste*" le sexe ». Le corps sexuel est construit comme un instrument d'une variété infinie, qui peut être accordé ou désaccordé selon la finesse avec laquelle on en joue.

Cet art se fait jour dans le sous-titre du livre d'Alex Comfort, *Un guide gourmet de la sexualité.* Alors que la formule « coucher avec » ne suggère rien de plus qu'une transaction, obtenir les compétences d'un gourmet sexuel implique de tester des saveurs exotiques et de transformer ton régime fade en un buffet varié de gâteries à grignoter à ton gré. Le livre lui-même se décompose en « entrées », « plats principaux », « sauces et condiments », et ce sont ces derniers qui, en raison de leurs arômes dangereux, se révèlent décisifs : les accompagnements sont essentiels parce qu'ils font du sexe l'art qu'il doit être, une déclinaison de viande et de pommes de terre au goût inhabituel – une garniture du temple intérieur jusque-là réservé aux princes et à leurs geishas. Il s'agit toujours d'écarter le voile et d'entrer sur la pointe des pieds un peu plus avant jusqu'à un endroit plus délicieux – délicieux parce qu'interdit, un transport au-delà de l'endroit où tu as commencé, ton lit se transformant en un tapis volant qui t'emmène dans des pays qui n'existent pas. C'est cet accent mis sur la connaissance secrète qui, ironiquement peut-être, relie l'art du sexe avec l'expérience religieuse dont il emprunte une bonne part du langage – les deux convergeant en particulier dans l'idée d'extase. Considérons ce texte de la mystique espagnole du XVIe siècle sainte Thérèse d'Avila :

> La douleur était si grande, qu'elle me faisait gémir ; et pourtant tellement plus extraordinaire était la douceur de cette douleur excessive, que je ne pouvais souhaiter en être délivrée… C'est une caresse d'amour si douce qui s'installe maintenant entre l'âme et Dieu, que je prie Dieu dans Sa bonté de la faire éprouver à ceux qui pourraient croire que je mens.

Le sceptique moderne, du haut de son bon sens psychologique, pourrait trouver surprenant qu'une religieuse canalise son énergie sexuelle réprimée dans un ravissement théologique, mais le lien est plus subtil qu'il ne paraît. Si la membrane séparant la religion de l'extase sexuelle est si fine, c'est parce que l'une et l'autre nichent au sein d'un organe plus large d'émotion qui les rassemble. Cette émotion est une manifestation d'abandon de soi. À la fois la pâmoison extatique du crescendo sexuel et l'environnement épiphanique de la lumière divine, le moi de l'amant d'abord se soumet, puis se dissout – là encore il est question d'avoir été, plutôt que d'avoir – dans un millier de particules de plaisir, le corps momentanément transformé en âme. Un nuage d'inconnu descend, les facultés de cognition et d'identité sont immobilisées, et pendant cette période longue-courte douce-amère à pleurer, tu fais l'expérience d'une dissolution qui pourrait bien être ce qu'il y a de plus proche sur terre de ce que tu auras un jour au Ciel. Une fois encore, tu es transporté de l'autre côté d'un seuil non perçu par les masses – raison pour laquelle le sexe peut être une affaire de dessein soigneusement construit : il ouvre des espaces sinon refusés à la multitude.

Tu n'as pas besoin d'admettre ce lien entre sexe et religion, bien sûr, mais si tu penses qu'essayer de faire de l'acte sexuel un art est une démarche erronée ou folle, tu ferais mieux d'être sûr que ton partenaire est sur la même longueur d'onde – il est probable qu'il ou elle fera sa propre évaluation de sa performance, que tu le veuilles ou non. Pourtant, pour de nombreux couples, ce type de conversations franches sur les performances sexuelles n'est pas possible, parce que cela serait reconnaître que le sexe peut effectivement être séparé de l'amour, divorcé de la relation, et une fois au lit, cela ne devient pas automatiquement du grand art – cela peut également virer à la pornographie. En d'autres termes, une fois l'amour retiré de l'équation, le sexe qui reste peut être interprété de plus d'une manière : si, d'un côté, c'est un sanctuaire entouré de hautes murailles où des experts affinent leurs talents en privé, de l'autre c'est une arène exposée, éclairée d'une lumière aveuglante, pour la recherche nue de stimulation génitale. Ce qui doit être la raison pour laquelle, malgré tout leur sang-froid, les manuels d'instruction ne décollent jamais des magazines de charme qu'ils prétendent regarder de haut. Feuilleter *Les Joies du sexe*, avec ses fusains raffinés d'exploration sensuelle entre deux adultes émotionnellement mûrs et d'esprit ouvert pourrait être instructif d'un point de vue pseudo-scientifique, mais on ne peut être sûr que cela empêche la sève libidinale du lecteur de monter et de déborder la sèche taxinomie des permutations coïtales.

Une fois encore, tu pourrais ne pas voir d'un bon œil que la pornographie soit ainsi rapprochée, au point de se confondre, de ta vie sexuelle par ailleurs saine. Même si, pour aider les choses, tu fais appel à des accessoires classés X, tu pourrais être offensé par l'affirmation que ce que tu t'apprêtes à faire a quelque chose de pornographique. Mais qu'en est-il si une part de ton plaisir vient du fait de regarder ton partenaire, et de te regarder avec ton partenaire ? Ou si les lumières sont éteintes mais que, tandis que ton corps frissonne, au comble de l'excitation, sous la caresse de ton amant, ton esprit se remplit d'une imagerie obscène ? Il y a une école de pensée qui remonte à Georges Bataille – un contemporain de Theodor Adorno – qui affirme que dès que l'œil est impliqué, y compris l'œil de l'âme, l'obscénité a commencé. Là où cette caresse délectable doit être faite de très près et à une personne (tu ne peux pas toucher quelqu'un à plus d'une longueur de bras, et caresser une photographie ne compte pas), regarder peut être fait à distance – où la distance invite le spectateur à évaluer, objectiver et contrôler ce qu'il regarde. Regarder libère des liens intimes du toucher et ouvre à une dimension non gouvernée par la confiance tactile, où n'importe quoi peut se produire et où, donc, tu peux sommer ce que tu regardes effectivement de reproduire ce que tu vois, sans aucune censure dans ta tête.

C'est à ce thème du regard sans inhibition que Bataille a consacré son *Histoire de l'œil*, un « roman » si extrême que, pour la plus grande excitation de ses amants adolescents, déjà fascinés par leurs performances réciproques toujours plus obscènes, un globe oculaire devient lui-même un objet fétiche – s'il y a un aspect gourmet dans le sexe, alors pour Bataille l'œil remplace la bouche en tant que principal organe érotique. Mais le plus important ici est que l'extrémisme du sujet se trouve égalé par le langage. Ce n'est pas tant que le livre abonde de mots en cinq lettres – quoiqu'ils se taillent la part du lion – ni qu'il tente d'être aussi théâtral dans ses formulations que dans les acrobaties sexuelles qu'il décrit, mais que, au contraire, il décrit celles-ci avec franchise et détachement. C'est pourquoi j'ai mis le terme de « roman » entre guillemets : cela ressemble moins à une œuvre d'imagination qu'à un reportage et se lit comme les dépêches d'un correspondant de guerre. Rien n'échappe à son regard implacable, et il n'y a pas d'ombre pour se mettre à couvert.

L'ironie est que, parce que les corps infâmes et leurs actions sont racontés de manière si réaliste, le livre de

Bataille rate le premier test de pornographie, qui est de titiller – en cela il pourrait sans l'avoir cherché démontrer un postulat de l'un de ses homologues philosophiques, Michel Foucault (que nous avons découvert tantôt, à la salle de gym, parlant de l'exercice physique comme d'une forme de contrôle de l'État). Sur le sujet du sexe, le texte de Bataille pourrait sembler être aussi peu contraint qu'il est possible de le faire, mais, dans son *Histoire de la sexualité*, Foucault signale le piège que constitue un matériau aussi explicite. Parce que le sexe est devenu une part centrale du discours quotidien, nous pourrions penser que nous sommes moins réprimés que les Victoriens ; mais ce qui se passe en réalité, c'est que le discours lui-même devient une forme de répression – c'est-à-dire qu'au lieu d'avoir plus de sexe, nous en parlons davantage et donc nous nous trompons nous-mêmes en nous croyant plus libérés. Et après tout, il y a quelque chose dans l'*Histoire de l'œil* qui est davantage susceptible d'inciter à l'analyse – comme notre propre essai – que de nous attirer vers le lit.

XVIII

S'ENDORMIR ET RÊVER

Il est l'heure d'aller au lit. Tu as eu une rude journée – tu as fendu les hordes sauvages en allant au boulot, couru comme s'il s'agissait d'échapper à la mort sur le tapis de ta salle de gym, empêché tes amis de comploter contre toi – et tu peux enfin profiter d'un repos bien mérité. Demain sera un autre jour et un autre combat, mais pour lors, alors que la nuit avance, tu t'es laissé gagner par un sommeil paisible. À moins que tu ne sois insomniaque, tourmenté par les demi-démons qui grouillent dans ton esprit et le piquent des minuscules fourches du souci, tu es, pour quelques heures précieuses, détaché de tout.

Et cette soustraction à tes devoirs est terriblement importante, parce qu'elle montre que, en plus d'être réparateur, le sommeil a pour fonction principale de nous traiter avec compassion, ce que reflète la « Berceuse » de W.H. Auden :

Pose ta tête endormie, mon amour
Humaine sur mon bras infidèle ;
Le temps et les fièvres consument
La part de beauté
Des enfants pensifs et la tombe
Prouve que l'enfant est éphémère ;

Mais que dans mes bras jusqu'au point du jour
Repose cet être vivant,
Mortel, coupable, mais pour moi
Beauté absolue.

Quand tu tombes de sommeil – et l'idée de chute compte, parce qu'il s'agit d'abandonner tout contrôle et toute responsabilité –, ton humanité s'exalte, dans la mesure où il n'y a rien, pendant que tu dors, que tu puisses faire pour te distinguer, aucune action que tu entreprendras, par définition, pour te démarquer des autres ou afficher ce qui fait de toi un être spécial. Quoique divisés dans les estocades au grand jour, le prince et le pauvre, le saint et le pécheur, tous, en tant que corps inconscients, nous sommes emportés par la main du sommeil ; littéralement une expérience de nivellement, la position allongée du dormeur exhibe chaque tête au repos comme égale, indépendamment de l'héroïsme – ou de l'infamie – perpétré durant le jour. La « tête qui dort » est seulement humaine.

Il est presque impossible de juger ou de condamner le visage endormi – il faudrait même que le plus méchant criminel se réveille avant que tu ne puisses commencer à ressentir du mépris pour lui – car le visage endormi présente une innocence qui n'a rien à voir avec la morale. Le simple fait pour ceux qui dorment d'être sans défense y est bien sûr pour quelque chose, mais ce n'est pas l'innocence *morale* que tu lis sur leurs paupières closes et le rythme lent du pouls sur leur cou, c'est l'innocence d'être sans volonté, de ne pas être associé avec ceci ou cela, de rester à l'écart de toute appartenance. Tu dois attendre qu'ils se réveillent pour savoir ce qu'il en est et donc, durant l'interruption du sommeil, tu ne peux que suspendre ton jugement. Selon les normes du jour, la tête endormie du poème pourrait bien être « coupable », mais quand Auden nous demande de laisser « reposer cet être vivant », c'est aussi pour ne pas troubler ce fragile hiatus. L'état d'innocence amorale est précieux, et nous devons le laisser être. Il y aura demain tout le temps qu'il faut pour les accusations.

Une des raisons de suspendre son jugement sur la tête endormie est qu'elle a déjà été condamnée à être « mortelle », un fait démontré par notre besoin de dormir, dans l'absolu. Non, nous ne sommes pas surhumains, à la différence de divinités immortelles, pour lesquelles le seul fait d'être immortelles signifie que leur énergie n'a pas de limites et n'a pas besoin de se recharger. Inversement, donc, pour nous, c'est parce que nous mourons que nous avons besoin de dormir. Tu pourrais penser que dormir nous donnerait plus d'énergie pour durer plus longtemps, mais ce n'est pas le cas – le fait que nous avons besoin de dormir signifie que notre énergie est finie –, parce que notre vie est finie elle aussi. En se référant à la « tombe », Auden montre comment le lit préfigure le grand sommeil à venir ; la fatigue « démontre que l'enfant est éphémère », car même les jeunes, avec toute leur vie devant eux, portent leur fin en eux. La fatigue, la faiblesse et la finitude – le sommeil existe pour nous faire admettre ces trois conditions humaines.

Et pourtant, derrière la paix du visage de ceux qui dorment – un état qui attire de ta part un calme compatissant –, il y a tout un feu d'artifice pour illuminer la plupart des choses dans la vie éveillée. Le corps peut bien être au repos, mais l'esprit, loin de prendre une récréation, met les bouchées doubles, inventant des fantasmes comme s'il n'y avait pas de lendemain. Tes rêves sont si riches et étonnants que c'est comme si tout autre système qui dans ton corps pourrait dépenser de l'énergie devait être interrompu. En ce sens, le sommeil est un grand sycophante – il peut exprimer l'innocence, mais va savoir quels secrets coupables défilent dans le cinéma de l'esprit. Plus étrange, le rêveur est lui aussi trompé.

Pour déchiffrer le code, nous devons nous tourner vers Freud, dont *L'Interprétation du rêve* a construit, au tournant du XIXe et du XXe siècle, un pont allant de la naïveté à la connaissance, qui a rendu bien plus facile le fait de faire une croix sur l'idée que les rêves seraient des balivernes anodines ou des chimères bizarres. Naturellement, il y avait eu des théories des rêves depuis des siècles, et le chef-d'œuvre de Freud s'ouvre avec un résumé de ce qu'il considère comme l'ère préscientifique – c'est-à-dire avant que la société psychanalytique fondée par lui apportât à l'analyse des rêves la rigueur et la méthode qui conviennent. En gros, ce fut une période de superstition, qui posait que les rêves sont la visitation de forces soit démoniques soit divines, pressées de transmettre des messages à leurs frères terrestres. Ce qui pourrait expliquer la qualité prophétique du rêve : s'il te procure une prémonition, ce n'est pas que pendant la nuit tu as acquis les pouvoirs psychiques d'un chaman ; c'est plutôt que ton esprit a été transformé en un coffre à l'usage d'esprits visionnaires, qui y ont laissé des avertissements énigmatiques sur la forme des choses à venir.

De cette tradition plongée dans les ténèbres de l'ignorance, Freud préserve cependant deux concepts. Le premier est celui du rêve-missive. Naturellement il serait curieux de penser que les rêves sont entièrement dépourvus de message et donc de signification – comment les expliquerais-tu sinon ? Peut-être que si chaque nuit tu faisais un rêve identique, tu pourrais l'effacer comme, par exemple, un réflexe corporel causé par la diminution du métabolisme de base durant le sommeil ; mais parce que la variation d'un rêve à l'autre est énorme, parce que chaque nuit le théâtre présente un nouveau spectacle – une fois tu es un babouin grimpant sur une photocopieuse, l'autre fois ta mère s'est teint les cheveux en vert –, il est presque pervers de ne pas inférer de cette variété quelque signification. Pourquoi diffèrent-ils si ce n'est pour apporter des présages différents ? Logiquement, Freud continue à croire que le rêve est un message, mais au lieu d'affirmer que sa signification est envoyée par un nuage mystérieux, il soutient qu'il glougloute depuis l'intérieur, faisant de lui un message pour soi-même. Il est vrai que le nuage mystérieux pourrait lui-même produire une variété de rêves, et donc être vu comme générant une « signification », mais parce que Freud veut se présenter comme un homme de science éclairé, il ne va pas frayer avec de telles arcanes. Et en effet, c'est le premier pas vers l'étude scientifique du rêve : le rêve est localisé dans une sphère – le cerveau – qui, à la différence du royaume des esprits, est connaissable ; une fois son origine localisée dans la personne qui l'abrite, le rêve peut mieux se soumettre à l'examen du scientifique, en particulier du scientifique équipé des outils, des truelles et des mètres à ruban de l'archéologie mentale.

Freud affirme donc que quand tu rêves, c'est effectivement *toi* qui rêves, et non quelque agent extérieur déroulant ta psyché comme un écran pour communiquer ses propres messages. Désir ou caprice, sexe ou sadisme, peur ou fuite, l'étoffe des rêves retombe sur toi, sans personne d'autre à montrer du doigt – tu ne peux pas plaider l'innocence pour tes rêves, à moins de revenir à la théorie selon laquelle tu as été visité par des esprits, que Freud dépassa allègrement. Mélange tout ça avec le second emprunt de Freud à la tradition ancienne – les rêves sont secrets –, et la mixture explose. Ces images les plus intimes, celles qui viennent à toi dans le secret du sommeil, dans le relâchement du repos et du plus profond de ton psychisme – cette caravane fantomatique d'images générées par toi et par toi seul ne sont pas seulement bizarres pour ceux à qui tu peux les raconter, elles sont inintelligibles *à toi aussi*, leur auteur. Très bien, les Anciens ont pu considérer les rêves comme énigmatiques, mais pour ces œuvres d'esprits de l'ombre, anges ou démons, à quoi d'autre pouvais-tu t'attendre ? Si ces esprits ne communiquaient *pas* par énigmes, ils ne seraient pas surnaturels et tu serais déçu ; mais penser que tu pourrais parler *à toi-même* avec des paroles tout aussi équivoques, que tu pourrais t'envoyer à toi-même des messages qui mettent en échec l'interprétation que tu pourrais en faire, cela place le pouvoir des rêves à un autre niveau. Le fait que nous rêvions signifie, dans les termes de Nietzsche, que « nous sommes étrangers à nous-même ».

Comment cela est-il possible ? Pour résoudre la quadrature du cercle, Freud propose ce qui est peut-être le concept le plus important de l'ère moderne – l'inconscient. À l'intérieur de nous, pendant que nous dormons, il y a une agence de communication qui conçoit des messages d'une complexité qui nous laisse, au réveil, aussi perplexe que le public à une représentation de théâtre expérimental – où le public est aussi le texte de la pièce, l'acteur et le metteur en scène. L'inconscient, qui nous appartient mais échappe à notre contrôle, est à l'œuvre. Et si la pièce est si confuse, c'est parce que la substance en a été expurgée – deux fois en fait –, et qu'il nous est interdit de voir l'original. Car « expurger » veut moins dire « détruire » que « retoucher », et le premier processus de censure a probablement eu lieu dans l'enfance, quand ta psyché s'est développée selon le schéma suivant.

Quand tu étais bébé, tu n'étais que vouloir – tu voulais principalement une gratification orale – et tu ne te souciais pas de grand-chose d'autre. Tout ce qui comptait c'était moi, moi, moi – un phénomène que Freud baptisa « *das Ich* » ou le « moi ». Tu étais un moi qui veut, et pour l'essentiel tu obtenais ce que tu voulais – ta maman te nourrissait, ta bouche était pleine. Mais très vite, tu as ressenti chez ton père ou tes frères et sœurs quelque chose de moins bienfaisant que l'amour – eux aussi attendaient quelque chose de ta mère, et tu as pris conscience d'une compétition traîtresse. Ton accès au sein maternel semblait soudain soumis à des règles et l'époque de la gratification ininterrompue était terminée. Les désirs auparavant satisfaits sont soumis à des contraintes ou différés, et tu n'as d'autre choix que de les refouler – c'est à ce moment-là qu'ils commencent à construire l'accumulation stagnante connue sous le nom d'inconscient. Tu as pris ta première leçon – tu ne peux pas toujours avoir ce que tu veux –, et l'énergie contrecarrée fait dans ton esprit un vecteur qui conduit les désirs frustrés vers un dépôt souterrain où ils reposent, en sommeil. C'est de cet étang insalubre de désirs noyés que l'étoffe de tes rêves sera plus tard issue.

C'est le premier niveau de la censure – au moment où le rêve illumine les parois intérieures de ton cerveau, il aura déjà passé, en tant que problème refoulé de ton enfance, des années immergé dans ta psyché. L'ensemble de ce matériau n'aura pas pris la forme d'un désir ardent pour le corps de ta mère ou pour la satisfaction orale, mais sa caractéristique générale sera celle de souhaits entravés, d'espoirs frustrés, de désirs réprimés – matériau en tout cas que tu as gardé pour toi. Ce fait explique à lui seul en partie l'étrangeté des rêves, car ce que tu vois défiler est de l'histoire ancienne pour ta psyché, une série d'images arrachées à un tas mis de côté durant ton enfance, qui revient te hanter et te torturer.

Comment se fait-il dès lors que nos rêves mettent souvent au jour un matériau venu de bien plus tard dans notre vie, parfois même le jour de notre rêve ? Ce n'est pas comme si tous les rêves avaient leur origine dans la maison où tu as grandi, ou mettaient en scène les tiens quand ils étaient de jeunes parents. C'est là que la seconde censure s'interpose – le rêve prend de vieilles expériences et leur enfile de nouveaux habits. Un simple exemple : tu rêves que tu te disputes avec ton patron, mais il tient la place de ton père, et la dispute rejoue une scène de ton enfance quand tu voulais jouer dans le jardin alors que tu n'en avais pas le droit. Le rêve utilise un matériau récent pour habiller de neuf et faire entrer en contrebande les affaires que tu n'as pas réglées dans ta jeunesse. Et pourquoi le fait-il ? Pourquoi ne se contente-t-il pas de rêver la dispute d'origine ? Rappelle-toi, ta psyché réprimait le matériau primitif parce qu'il représentait une envie (tu voulais jouer dans le jardin) que tu étais empêché de réaliser et que tu as donc enfouie ; mais si tu l'avais seulement rangée avec tout ce bouillonnement d'émotion, elle aurait brûlé ton esprit. Une partie du boulot du refoulement est de faire baisser la fièvre, de retirer le dard de la queue, et elle le fait en opacifiant l'image de l'événement qui t'a bouleversé avant qu'il ne soit enfermé dans ton coffre-fort mental – un souvenir refoulé n'est pas le même qu'un souvenir ordinaire, qui peut être confortablement conservé à l'avant-scène de ton esprit ; il est bien plus effronté et violent, et il a besoin d'être traité dans le quartier haute sécurité de ta tête. En ce sens, il est impossible de se rappeler avec exactitude un événement traumatique, parce que, à un degré ou à un autre, il aura été reprogrammé, défiguré, lobotomisé au cours du transport dans les archives de ton inconscient. Cela pourrait expliquer la non-fiabilité notoire des récits de témoins oculaires – si tu as assisté à quelque chose de terrifiant, alors, pour te protéger contre sa résurgence, ton esprit le déformera instinctivement avant de le transférer dans ta mémoire. Parfois, pourtant, comme dans l'ESPT (état de stress post-traumatique), l'incident initial comportait une horreur telle qu'il n'y a pas eu de domestication avant qu'il ne soit enfermé, et il revient encore et encore dans toute sa force, renvoyant brutalement ses victimes dans le temps psychique, au moment où l'événement affreux a pris place.

En somme, tes rêves représentent les souvenirs déformés de vieux désirs non partagés. Le matériau originel ne sera jamais recouvré – tu n'en rêves que parce que tu l'as refoulé, et, dans l'acte de refoulement, comme un maître contrefacteur tripatouillant des documents, tu l'as détérioré – mais il continue à déclencher tes rêves. De là les deux niveaux de la censure qui s'interposent avant que le rêve ne soit rêvé : le refoulement du désir lui-même quand il ne pouvait pas être réalisé, et le montage que tu en as fait avant d'accepter dans ton inconscient le traumatisme qu'il aurait sinon représenté. Et au sommet de ces mécanismes de « censure », il y en a deux de plus. Freud montre que le matériau onirique n'est pas seulement transformé, il est aussi simplifié. Dans notre exemple simple, le patron peut être une représentation de ta personne en plus d'être celle de ton père : toi, ton pire ennemi, peut-être déguisé comme ton patron, tu es en train de te disputer avec toi-même. Le patron n'est plus seulement un substitut du père, mais aussi le témoin d'un échec personnel. La capacité du rêve à créer une association efficace signifie qu'une seule figure est susceptible de contenir de multiples personnages. Enfin, *dans l'acte même de rêver*, tu feras les arrangements supplémentaires que Freud appelle l'« élaboration secondaire ». Processus inconscient certes, mais pas naïf, rêver est une activité durant laquelle l'esprit qui dort est loin d'être endormi ; il ne baisse pas la garde contre le resurgissement du matériau qu'il pourrait considérer comme malvenu s'il le laissait venir en pleine lumière.

Pas étonnant que Freud ait appelé son livre *L'Interprétation du rêve* : si les rêves sont bâtis à partir de tant de panneaux de réfraction posés les uns sur les autres, s'ils font tant d'efforts pour nous perdre en route, alors ils demandent sans aucun doute quelque analyse, quelque pelage de l'oignon, même en sachant que ce qui nous attend une fois arrivés au cœur n'est que néant. Ou est-ce le cas ? S'ils ne devaient jamais révéler leur signification, pourquoi nous faire tant de bile ? Freud soutenait que le fait d'interpréter les rêves réduit l'angoisse : cela nous aide à comprendre les blocages inconscients qui interfèrent avec notre vie éveillée – analyser le rêve de patron, par exemple, peut t'amener, une fois éveillé, à réfléchir sur le fait que tu ne vois pas l'homme tel qu'il est, mais en fonction de sentiments qui concernent ton père, ou toi. En te débarrassant de théories que tu entretiens à propos des personnes qui te posent problème dans ta vie, tu pourrais t'épargner une bonne quantité de soucis : cela te remet les idées en place, te libérant pour regarder les gens d'un œil neuf.

On comprend pourquoi la psychanalyse – une conversation entre un analyste et un patient, menée disons cinquante cinq minutes par jour, cinq jours par semaine et pour une durée de cinq ans – devient un si long processus. Examiner l'évidence disparate, ne fût-ce que d'un seul rêve, est une affaire douloureuse, et c'est justement parce que cela t'est hautement spécifique, à toi et à ta pathologie, qu'autant de règles générales peuvent être appliquées. Mais si le rêve freudien est un tel artefact fait sur mesure, son ex-collègue – et futur rival – Carl Jung développa une théorie dans laquelle tes rêves entreraient dans un éventail de catégories bien plus large. Il trouvait la notion d'inconscient personnel non pas invalide, mais inadéquate, et la compléta par un « inconscient collectif » à partir duquel doit naître, entre autres choses, l'imagerie du rêve. Quoique le rêve freudien pille allégrement le matériau de ton enfance, il ne peut faire son miel de rien de ce qui précède la naissance, là où son équivalent jungien exploitera une réserve d'images depuis l'aube de l'humanité – car l'inconscient collectif procède, comme la mémoire populaire, d'une transmission subliminale à travers les générations d'images dont l'origine ne sera jamais retrouvée, ce qui leur confère un caractère mystérieux. Alors que de telles images volètent d'esprit en esprit en un circuit télépathique nocturne, le fait qu'elles traversent le temps – les siècles – bâtit une indépendance dont les jungiens considèrent parfois qu'elle trahit la présence d'une *anima mundi*, ou âme du monde. L'inconscient collectif, en d'autres termes, est plus que l'agrégat de tous les inconscients personnels, en devenant une propriété du monde lui-même, et, quand tu rêves la nuit, c'est l'âme du monde qui rêve à travers toi.

Cela prête à chaque image onirique un caractère archaïque, de fait archétypal, si bien que malgré le fait qu'elle élargit l'inconscient personnel pour embrasser toute l'humanité, cette version collective comprend plutôt moins d'images – limitée qu'elle est, comme le jeu de tarot, avec le Mat, le Bateleur, la Papesse, etc., à un panthéon fermé de figures considérées comme éternelles. Parmi les plus fascinantes, il y a l'Ombre. Alors que chacun d'entre nous a un moi – la forme de notre identité et un archétype à soi seul, parce qu'il est universel –, ce moi, de façon surprenante, ne contient pas toute la vérité qui nous concerne et, dans les rêves, nos facettes les moins dignes d'éloges, incarnées par l'Ombre, peuvent apparaître. Dans la dispute avec ton patron, par exemple, le moi serait représenté par toi et ton Ombre par lui, manifestant ainsi ce côté de toi que tu serais enclin à désavouer. Tu te considères comme une personne réfléchie, conciliante, connue pour ton empathie, tout à fait le contraire de ce tyran auquel tu dois rendre des comptes au travail – mais ce tyran est une partie de toi. Ce qui ne fait pas de toi un Dr Jekyll et Mr Hyde, car si tout moi a une Ombre, l'intrus ne sert pas à diluer mais à concentrer celui que tu es. Ton Ombre est exactement cela : l'obscurité rejetée par ta lumière qui demeure largement inactive, et qui éloigne les aspects les plus noirs de ton esprit pour mettre en valeur les plus brillants.

Que tu sois au lit avec Freud ou avec Jung, la nuit n'apporte pas le calme mais des secousses dans ton activité mentale, comme si une caméra infrarouge était mise en marche dans la jungle pour filmer un chambard sauvage inouï. On peut même considérer le jour comme un repos après la nuit – après tout, avec leur suspense palpitant, nos rêves rendent la routine que nous connaissons au travail terriblement morne ; pour ne rien dire du fait que nous passons environ vingt ans de notre vie à dormir, il est donc osé de dire qu'il s'agirait d'une activité marginale. Mais qu'en est-il des moments de la nuit où tu n'es pas en train de rêver, où il n'y a pas de MOR (mouvements oculaires rapides), ni aucun battement de cils ? La seule investigation de cet état pose problème, parce que personne ne peut rapporter quoi que ce soit à ce sujet – c'est un endroit où tu vas toutes les nuits, mais il n'est pas plus récupérable que de la matière noire. Comme je l'ai dit dans le premier chapitre, où il était question du réveil, si tu ne rêves pas et qu'il n'y a pas d'activité mentale dont tu puisses parler, on tient un argument pour dire que les profondeurs de la nuit sont réellement une sorte d'inexistence. Non que cela ait besoin d'être un fait effrayant : au contraire, si tu es quelqu'un qui a peur de mourir, par exemple, tu peux te consoler en te disant que toutes les nuits tu as fait l'expérience d'une version de la mort – ou plutôt que tu n'as pas du tout fait cette expérience, parce que tu n'étais pas assez conscient pour expérimenter quoi que ce soit – et ce n'était pas si mal.

Ce que nous pouvons peut-être trouver de plus proche d'une représentation de ce temps sombre est le somnambulisme. Car, comme activité dont on ne se souvient pas, le somnambulisme est en réalité moins énigmatique que l'inactivité sans souvenir du sommeil profond – ou de l'inactivité du rêve dont on se souvient souvent. Et pourtant il est toujours mystérieux, alors que dire dès lors de cet état proche de celui du zombie ? Le mot *somnambulisme* – marcher pendant le sommeil – est assurément un oxymore, la combinaison de deux choses incompatibles, car marcher en dormant est contre nature. C'est du moins le point de vue orthodoxe, et des témoins ont décrit la robotique sinistre qui fait sortir le somnambule de son lit, lui fait ouvrir la fenêtre et, dans le pire des cas, sauter. Les actions du somnambule paraissent cognitivement possibles, mais la faculté de jugement a été paralysée, et l'ensemble de la procédure prend une allure mécanique qui fait penser à des jouets s'animant au cours de la nuit.

La position moins orthodoxe, adoptée par des théoriciens récents de la cyberculture, affirme qu'un tel automatisme représente moins une aberration que la condition générale d'un âge « post-humain ». Selon leur interprétation, le somnambulisme illustre le fait que nous sommes tous possédés – voire constitués – par la machine. Nous ne sommes pas seulement entourés de dispositifs mécaniques, nous avons commencé à nous conduire comme eux, tandis que notre « humanité », proportionnellement, s'affaiblit. Nous reproduisons des idées sans y penser, nous sommes devenus trop dépendants des ordinateurs dont le logiciel nous dicte à l'avance le résultat de notre production, et nos corps eux-mêmes évoluent progressivement en fonction d'interventions mécaniques sur eux, depuis les programmes d'entraînement jusqu'aux implants que nous allons commencer à utiliser pour contrôler notre santé – pour ne rien dire des prothèses auditives, des pacemakers, etc. Si donc l'âge de l'humanisme, qui recouvre globalement la Renaissance, a marqué la célébration par l'homme de sa domination intellectuelle et artistique, son volontarisme et son habilité, le faisant maître de lui-même et de ses actions, plutôt que d'être assujetti au seigneur féodal ou au despote divin, alors l'âge post-humain, en développant en nous les caractéristiques « cyborgiennes », tourne le dos à ces avancées. Cela représente en tant que tel le quatrième coup porté à l'orgueil humain dans la série autrefois établie par Freud. Le premier était la découverte par Copernic de la rotation de la Terre autour du soleil, impliquant que le genre humain n'était pas, et n'avait jamais été, au centre de l'univers ; le deuxième, la mise en évidence par Darwin que, plutôt que d'être des créatures créées par Dieu, les hommes descendaient des singes ; et le troisième, l'intuition personnelle de Freud que l'homme était destitué de lui-même par lui-même, déchiré par un inconscient qui ronge son autopossession de soi. Tu es somnambule la nuit ? Bah ! Le jour aussi.

J'ai commencé ce chapitre par la description du caractère humain du sommeil et je suis arrivé au post-humain. Mais quand le somnambule est redirigé vers son lit, l'humanité revient. C'est une humanité qui, dans ce cas pourtant, n'a rien à voir avec la vulnérabilité, l'innocence a-morale ou même la mortalité. Le somnambulisme ne fait qu'exagérer l'étrangeté du sommeil – le fait de se trouver hors de son moi conscient. Ton itinéraire nocturne est un voyage au cours duquel tu te perds toi-même pendant un moment, avant de te retrouver au matin. Être humain implique un interlude, que nous appelons sommeil, entre le fait d'être soi-même et celui d'être à nouveau soi-même.

POSTFACE

Le petit déjeuner avec Socrate est terminé, et tu demandes l'addition. Cela a été une sacrée conversation qui t'a encouragé à regarder tout ce qui t'entoure d'un œil inquisiteur. Alors que le garçon s'approche de ta table, tu peux penser à nouveau au conseil de Bert Hellinger de laisser tes parents payer le déjeuner, par exemple, et considérer que la manière de rendre à nos parents le service qu'ils nous ont rendu en nous éduquant est de prendre soin de leurs petits-enfants. Tu peux aussi te livrer à quelques investigations personnelles : une modeste recherche te conduira à l'analyse du garçon de café par Jean-Paul Sartre :

> Considérons ce garçon de café. Il a le geste vif et appuyé, un peu trop précis, un peu trop rapide, il vient vers les consommateurs d'un pas un peu trop vif, il s'incline avec un peu trop d'empressement, sa voix, ses yeux expriment un intérêt un peu trop plein de sollicitude pour la commande du client[1].

Le ton de Sartre frise la moquerie : en forçant son rôle plutôt que d'être lui-même, le garçon compromet sa liberté.

1. Jean-Paul Sartre, *L'Être et le Néant*, Paris, Gallimard, « Tel », 1943, p. 94.

D'une manière très « garçon de café », il pose l'addition sur ta table, et son manège te donne envie de lui dire d'arrêter et de lui demander qui il croit abuser de la sorte. Pourquoi ne peut-il être moins le garçon et plus l'homme ?

Et comme tu dis adieu à Socrate et que tu pars travailler, tu peux trouver du réconfort dans l'assurance que, même s'il peut t'avoir obligé à réviser certaines de tes convictions les plus fondamentales, tu as une identité cimentée par le seul fait de quitter le café et d'arriver intact au bureau. Ou que, juste en portant un vêtement, tu as prouvé ta capacité à t'adapter à la vie en société. Et même si aller petit-déjeuner avec Socrate t'a fait rater ton entraînement du matin à la salle de gym, tu as au moins entraîné ton esprit ; en outre, si Bakhtine et Foucault ont raison, aller à la gym fait le jeu de ceux qui veulent te contrôler.

Mais il y a une dernière chose sur laquelle tu pourrais avoir envie de réfléchir. Dire adieu, c'est comme dire bonjour, un acte tellement banal que nous considérons rarement ce qu'il implique. L'expression « adieu » signifiant « à Dieu », comme l'espagnol *adios* et l'anglais *good-bye* (« Dieu soit avec toi ») remettent l'autre personne entre les mains de Dieu pour qu'Il la protège. Comme si tu disais : « Aucun de nous ne sait ce qui va se passer après que nous nous serons séparés, mais quoi qu'il se produise, j'espère que Dieu prendra soin de toi. » C'est une reconnaissance des incertitudes qui sont devant nous et du fait que nous sommes vulnérables. Même si tu sors Dieu de l'équation, dire « adieu » implique plus qu'un au revoir. Les Italiens et les Allemands ne disent pas « adieu » mais « jusqu'à te revoir » ; l'arabe et l'hébreu souhaitent simplement la paix à l'autre personne ; et même l'apparemment neutre « salut » exprime un clair espoir que l'autre se portera bien. Ce que montrent toutes ces formules, ce qui est évident, c'est que nous ne disons jamais adieu quand nous disons « adieu » – nous disons quelque chose sur le futur. De fait, pour Jacques Derrida dans son livre *Adieu* – un hommage à feu son ami et collègue philosophe Emmanuel Levinas – dire adieu concerne bien moins ce qui est passé que ce qui est à venir.

Il vaut donc mieux penser à l'adieu comme à une charnière qui à la fois termine une période qui est passée et connue, et ouvre à une autre qui est encore à découvrir. Il y a un proverbe suédois qui affirme que « l'après-midi sait ce que le matin n'aurait jamais imaginé », et si tu dis adieu à quelqu'un après le petit déjeuner, il est possible que chacun se tourne vers sa journée avec le sentiment qu'il y a devant lui quelque chose d'encore non décidé, quel que soit le nombre de rendez-vous inscrits dans son agenda. Et naturellement, l'une des choses les plus inconnues de toutes est de savoir si tu reverras jamais la personne à qui tu viens de dire adieu ; le moment de se séparer contient donc toujours un certain pathos – chaque fois que nous disons adieu pourrait toujours être la dernière fois, pour faire se rejoindre les chansons d'Ella Fitzgerald et des Rolling Stones.

Et pourtant, malgré cette évidente incertitude, on ne peut nier le fait que dire adieu porte en lui le sentiment d'une fin, et même quand tu lis ces lignes, tu auras immanquablement la sensation, parfois consolante, parfois attristante, que les choses approchent de leur conclusion. Comme dit, certes malicieusement, Samuel Beckett, « tout est bien qui finit bien », l'effort que tu as fait en lisant ce livre sera récompensé par un accomplissement qui laisse penser que, pour l'instant en tout cas, le boulot est terminé. Tu feras la transition du fait de lire au fait d'avoir lu et tu vérifieras ta capacité à classer à la fois littéralement, sur ton étagère, et métaphoriquement, dans la peut-être plus chaotique bibliothèque de ton esprit où les livres que tu as lus sont partiellement mémorisés, les noms de certains auteurs effacés et les idées qu'ils contiennent mêlées aux épisodes de ta vie. Dans les deux cas, le livre s'éloigne de la place de premier plan qu'il a occupée, pendant que tu le lisais, pour se glisser parmi les nombreux autres artefacts qui, au fil des années, ont accompagné ta vie quotidienne.

POUR ALLER PLUS LOIN

Philosophie

Jacques Derrida, *Points de suspension : entretiens*, Paris, Galilée, 1992.

René Descartes, *Discours de la méthode*, Paris, Flammarion, « GF », 2000.

–, *Méditations métaphysiques*, Paris, Flammarion, « GF », 2009.

Allan S. Janick et Stephen E. Toulmin, *Wittgenstein, Vienne et la modernité*, Paris, PUF, 1978.

Friedrich Nietzsche, *Mauvaises pensées choisies*, éd. de Georges Liébert, Paris, Gallimard, « Tel », 2000.

Platon, *Apologie de Socrate*, trad. du grec par Luc Brisson, Paris, Flammarion, « GF », 1997.

Psychanalyse et psychologie

Sigmund Freud, *L'Interprétation du rêve*, trad. de l'allemand par Jean-Pierre Lefebvre, Paris, Seuil, 2010.

–, *Psychopathologie de la vie quotidienne*, trad. de l'allemand par Denis Messier, Paris, Gallimard, 1997.

Bert Hellinger, *Pour que l'amour réussisse : la dynamique de l'amour dans le couple*, Guy Trédaniel, 2004.

Carl Gustav Jung, *Ma vie : souvenirs, rêves et pensées*, trad. de l'allemand par Roland Cohen et Yves Le Lay, Paris, Gallimard, « Folio », 1991.

Politique et société

Walter Benjamin, *Paris, capitale du XIXe siècle*, Paris, Herne, « Carnets de l'Herne », 2007.

Nicolas Machiavel, *Le Prince*, Paris, Gallimard, « Folio », 2007.

Karl Marx, *Le Capital. Critique de l'économie politique*, éd. établie sous la direction de Jean-Pierre Lefebvre, trad. de l'allemand par Étienne Balibar *et al.*, Paris, PUF, « Quadrige », 2006.

Carl Schmitt, *La Notion de politique*, trad. de l'allemand par Marie-Louise Steinhauser, Paris, Flammarion, « Champs », 2009.

Max Weber, *L'Éthique protestante et l'Esprit du capitalisme*, Paris, Gallimard, « Tel », 2004.

Sociologie

Jean Baudrillard, *Le Système des objets*, Paris, Gallimard, « Tel », 1 978.

Pierre Bourdieu, *La Distinction. Critique sociale du jugement*, Paris, Minuit, « Le Sens commun », 1979.

Claude Lévi-Strauss, *Le Cru et le Cuit*, Paris, Plon, « Mythologiques », 2009.

Michel Foucault, *Philosophie. Anthologie*, Paris, Gallimard, « Folio essais », 2004.

Littérature

Barthes, textes choisis et présentés par Claude Coste, Paris, Éditions Points, « Points Essais », n° 649, 2010.

Marcel Proust, *À la recherche du temps perdu*, Paris, Gallimard, « Bibliothèque de la Pléiade », 4 vol., 1987-1989.

Jean-Paul Sartre, *La Nausée*, Paris, Gallimard, « Folio », 1978.

INDEX

TABLE

RÉALISATION : NORD-COMPO À VILLENEUVE-D'ASCQ
CPI FIRMIN DIDOT AU MESNIL-SUR-L'ESTRÉE
DÉPÔT LÉGAL : JANVIER 2011. N° 99756 (102157)
IMPRIMÉ EN FRANCE